战略远见

美国与全球权力危机

[美] 兹比格涅夫·布热津斯基◎著
洪漫 于卉芹 何卫宁◎译

新华出版社

图书在版编目（CIP）数据

战略远见：美国与全球权力危机 / (美) 兹比格涅夫・布热津斯基著；洪漫，于卉芹，何卫宁译. -- 北京:新华出版社，2020.2

书名原文: Strategic vision.America and the crisis of global power

ISBN 978-7-5166-5052-3

Ⅰ. ①战… Ⅱ. ①兹… ②洪… ③于… ④何… Ⅲ. ①国际政治－研究 Ⅳ. ①D5

中国版本图书馆CIP数据核字(2020)第029723号

著作权合同登记号：图字01-2019-8003号

战略远见：美国与全球权力危机

作　　者：[美]兹比格涅夫・布热津斯基　**译　者：**洪　漫　于卉芹　何卫宁

责任编辑：江文军　　**特约编辑：**张　敬
责任校对：刘保利　　**封面设计：**李尘工作室

出版发行：新华出版社
地　　址：北京石景山区京原路8号　**邮　　编：**100040
网　　址：http://www.xinhuanet.com/publish
经　　销：新华书店、新华出版社天猫旗舰店、京东旗舰店及各大网店
购书热线：010－63077122　**中国新闻书店购书热线：**010－63072012

照　　排：六合方圆
印　　刷：三河市君旺印务有限公司

成品尺寸：145mm×210mm　1/32
印　　张：6.625　　**字　　数：**135千字
版　　次：2020年4月第二版　　**印　　次：**2024年10月第五次印刷

书　　号：ISBN 978-7-5166-5052-3
定　　价：56.80元

布热津斯基是现实主义者，但并非悲观主义者，他为所有关注美国在国内外未来的人提供了一部深思熟虑，并且一如既往发人深省和极合时宜的必读之作。

——罗伯特·盖茨 美国国防部前部长

布热津斯基的最新著作反映出他对复杂历史问题进行抽丝剥茧的天分，及其倡导长期解决方案的实力。

——吉米·卡特 美国第39任总统

布热津斯基是美国宝贵的屈指可数的杰出战略家之一，他令人信服地为我们描述了未来越来越混乱的世界图景，为美国提供了应对政策。简洁、锋利、睿智。

——莱斯利·盖尔布 美国外交学会名誉退休主席

这是一部见解深刻、发人深省和促人奋进的分析之作，所有关注全球稳定和发展的人都应该阅读此书。

——吉姆·沃尔芬森 世界银行前行长

布热津斯基是美国最睿智的政治家和最具远见卓识的战略家之一，此书对关于美国在全球地位的公开辩论做出了又一个重大贡献。他的这部新著是必读之作。

——布伦特·斯考克罗夫特 美国国家安全局前局长

布热津斯基把理论与无可匹敌的实践经验结合起来，对未来进行了发人深省、引人瞩目的描述，同时还配上了令人信服的导航图。

——小约瑟夫·奈 哈佛大学教授

这部必读之作清晰生动地分析了美国在当今世界的地位。

——约翰·克里 美国参议员

布热津斯基学识渊博，在美国外交和国家安全前线奋战多年，他在此书中提供了成功规划和行动的全面蓝图。

——理查德·卢格 美国参议员

目录

CONTENTS

前言

当今世界相互影响和依存。事关人类生存的各种问题破天荒地第一次开始令传统国际冲突的重要性相形见绌。不幸的是，主要大国尚未采取全球合作的方式来应对人类福祉所面临的日益严峻的全新挑战——包括环境、气候、社会经济、营养和人口等。没有基本稳定的地缘政治格局，实现必要的全球合作的任何努力都会以失败而告终。

诚然，全球力量分布的不断变化与人民大众的政治觉醒，以它们各自的方式加剧了当代国际关系的波动。随着中国的影响力提升，以及其他新兴大国——例如俄罗斯、印度、巴西——围绕资源、安全保障和经济优势等相互竞争，发生误判和冲突的可能性增加了。在此情况下，为在全球舞台上开展建设性合作，并满足越来越躁动不安的全球人口日益增长的渴望，美国必须谋求奠定范围更广的地缘政治基础。

有鉴于此，本书寻求回答四个主要问题：

1. 全球力量分布由西向东转移会带来哪些影响，而人类政治觉醒的新现实又如何影响力量分布的转移？

2. 美国的全球影响力为何衰落，美国在国内和国际上的衰落有什么具体表现？美国如何浪费了冷战和平结束所提供的独特全球机遇？从相反的角度看，美国在恢复活力方面的优势是什么？必须重新确定什么样的地缘政治方向，以重振美国的全球作用？

3. 倘若美国真的走向衰落，不再占据全球超群地位，这可能会带来哪些地缘政治影响？这一衰落几乎立即影响到的地缘政治受害方会是谁？这对21世纪全球性问题会带来哪些影响？中国到2025年能否承担起美国在世界事务中的核心作用？

4. 展望2025年之后，重新崛起的美国应如何界定其长期的地缘政治目标？美国怎样才能与传统上的欧洲盟国一起寻求与土耳其和俄罗斯保持接触，以构建一个更大和更加生机勃勃的西方？同时，美国怎样才能平衡其在东方的两个战略目标，一方面需要与中国密切合作，另一方面美国在亚洲的建设性作用既不应完全以中国为中心，也不应卷入亚洲的危险纠葛？

在回答这些问题时，本书认为，今后美国仍将在世界上发挥十分重要的作用。实际上，由于全球力量分布的不断变化和日益严重的全球冲突，美国更加有必要避免退缩到一种无知和闭关自守的心态，或者沉溺于自以为是的文化享乐主义之中。这样的美国可能会使不断演变的、重心正在从西方转移到东方的世界，面临越来越黯淡的地缘政治前景。世界所需要的是经济上充满活力，社会具有吸引力，强大而且负责任，具有战略意识，在国际上受尊重，以及在与新的东方保持全球接触方面对历史了如指掌的美国。

形成这样一个胸怀全球的美国的可能性有多大？今天，美国对历史抱有的情绪是不安的。美国行将衰落的历史必然性，是知识界的时髦观念。然而，这种间或出现的悲观情绪既不新奇，也不会自我实现。二战结束后一种比较普遍的看法认为20世纪是“美国世纪”。但就连这种看法也没有阻止对美国长远未来感到不安的阶段的出现。

艾森豪威尔执政期间，苏联发射第一颗人造地球卫星时，美国人对自己在和平竞争和战略性武器两方面的前景感到忧虑。而尼克松时代美国未能在越南取得有意义的胜利时，苏联领导人也自信地预测美国的灭亡，而对历史感到悲观的美国政策制定者则寻求缓和美苏关系，以换取维持四分五裂的欧洲的现状。但是，事实证明美国更有韧性，而苏联体系则最终崩溃。

到1991年，在苏联阵营与苏联自身先后解体后，只剩下美国卓然而立，成为全球唯一的超级大国。因此，不仅20世纪，甚至21世纪看来也注定是美国世纪。克林顿和小布什这两位总统均信心十足地如此断言。对于他们的看法，学术界也以这样大胆的预测做出了响应：就有关相互竞争的社会制度的相对优越性的理论论战而言，冷战的结束实际上意味着“历史的终结”。自由民主制度的胜利，不仅被宣布为决定性的，而且被宣布为板上钉钉的。由于自由民主制度最初是在西方繁荣发展的，所以暗含的论断是，从此以后，西方将成为全世界的定义标准。

然而，这种超级乐观的情绪并没有延续很长时间。始于克林顿时代并在小布什总统当政期间延续的自我满足和取消管制的风气，在世纪之交导致了一次股市泡沫破灭，并在之后不到10年的时间内导致了一场全面的金融崩溃。小布什总统任期中代价高昂的单边主义导致了中东长达10年的战争，以及总体而言的美国外交政策的脱轨。2008年的金融风暴几乎使一场灾难性的经济萧条加速到来，从而促使美国和西方许多国家突然认识到自己在未受管制的贪婪面前的系统性弱点。此外，在一些亚洲国家，经济自由主义和国家资本主义令人费解地混合在一起，但显示出令人惊讶的经济增长和技术创新能力。这反过来促使人们对美国作为世界主要大国地位的前途，表现出新的不安情绪。

实际上，濒临解体的苏联和21世纪初的美国有若干惊人的相似之处。由于政府体系日益陷于瘫痪，不能认真地实施政策调整，所以苏联实际上把过大比例的国民生产总值投入到与美国长达几十年的军事对抗之中，从而使自己陷于破产。而10年之久的征服阿富汗的努力带来的额外代价，又使这一问题雪上加霜。不出所料，它没有能力维持与美国在尖端技术部门中的竞争，因而进一步落后；苏联经济栽了跟头，与西方相比，社会生活质量进一步恶化；执政的共产党阶层对日益扩大的社会差距严重麻木不仁，同时假惺惺地掩盖自己的特权生活方式；最后，在对外事务中，它变得越来越自我孤立，与自己一度的主要欧亚大陆盟国中国之间，也形成了在地缘政治上具有破坏性的敌对关系。

这些类似的情况即使言过其实，但也强化了美国必须自我革新、追求全面和长期的地缘政治远景的必要性。这种远景要能够应对不断变化的历史背景所构成的挑战。只有一个生机勃勃、具有战略头脑的美国才能与即将统一的欧洲共同促成一个更大和更有生命力的西方，使西方能够成为崛起中且日益自信的东方的负责任的合作伙伴。否则，地缘政治上陷于分裂、以自我为中心的西方就可能会陷入一种历史性衰败，令人回想起19世纪中国令人耻辱的无能局面。与此同时，东方则可能会受到诱惑而重蹈20世纪欧洲自我毁灭的相互角力的覆辙。

简言之，全球力量危机是诸多因素累积作用的后果。这些因素包括：世界的重心从西方向东方的动态转移；全球政治觉醒的骚动不安的现象加速出现；美国从1990年成为世界上唯一超级大国以来在国内和国际舞台上的欠佳表现。上述情况对一些濒危国家的生存、全球公共领域的安全以及全球总体稳定，构成了严峻的长期风险。本书旨在勾勒出直到2025年以后所需要的战略远景。

兹比格涅夫·布热津斯基

2011年3月

第一章

衰落中的西方

从长远看，全球政治注定会变得与一国独掌霸权力量的状况越来越不相协调。因此，美国不仅是第一个和唯一真正的全球性大国，而且很可能也是最后一个……

经济力量也可能会变得更加分散。在未来的年月里，不大可能再有哪一个大国像美国在20世纪大部分时间里那样，国内生产总值占到世界大约30%的水平，更不用说像美国在1945年占世界总产出比重达到峰值时的50%的水平。

——摘自《大棋局》的《结论》一章

本书作者，1997年

西方对世界的长时间政治统治几十年来一直在减弱。然而，虽然欧洲在20世纪上半叶曾两次尝试“集体自杀”，但在20世纪90年代的一段短暂时间里，西方看似能够历史性地重振雄风。冷战以苏联的解体告终，这一和平结局标志着美国迅速崛起为真正的全球性超级大国的最后一步。这个在国际上居于支配地位的大国，加上其政治上表现积极、经济上充满活力的伙伴——欧盟，似乎不仅能重振西方的全球卓越地位，也能为美国自身确立一种建设性的全球角色。

20年后，很少有人认为，在美国的卓越全球地位似乎岌岌可危时，欧盟会很快成为一个政治上十分重要的全球参与方。因为总体而言，西方目前采取一致行动的能力减弱，其持久的政治遗产因此也更无法保证。曾经有一段时间，虽然只是很短暂的一段时间，全世界范围内的民主、国际和平以及更多令人无忧的社会契约，的确看似会成为西方为人类留下的不朽遗产。然而，全球力量分布基本格局的转变，全球政治觉醒的新现象对这种力量的运用所带来的影响，再加上近期美国外交政策举措和美国体系的生命力所受怀疑日益增多所带来的负面影响，这三方面的因素日积月累，越来越令人们怀疑西方这项更有希望的遗产能否保持下去。

1. 全球大国的出现

在全球居支配地位的大国的概念，是近年来的一项历史发展。千年来，人们居住在与外界隔绝的社区，并没有意识到有更远的邻居存在。迁徙和与外人的偶发冲突是在对整个世界的总体环境一无所知的情况下发生的。遥远的地方有“他人”存在的早期模糊意识渗透进人类的意识，只不过是近800年左右的时间里才发生的事情。这种渗透的途径，最初是远征探险和为以往不为人所知的区域绘制地图，后来则是殖民和大规模迁徙。最终，这些知识导致了帝国对抗，从而又带来了两次争夺世界统治地位的破坏性战争，此后又引发了全球整体性的冷战对抗。近年来，太空探测更加深了人们对地球相对之“小”的新认识，夜间从外太空拍摄的图片，展示了城市化的人类所在的灯火通明的聚集区——尤其是通常所说的西方，与更暗、技术较不发达但人口越来越稠密的世界其他地区之间的生动对照。

位于北大西洋沿岸的西欧国家是最先开始自觉地、积极地探索整个世界的国家。它们的驱动力来自强有力的组合因素：航海技术进步，对传教的热情，君王和个人对荣耀的憧憬，以及不折不扣的物质贪欲。它们在近500年的时间里控制了远离本国陆上大本营的领土，这在一定程度上是因为它们当初领先一步。西方的地理范围由此扩大了——早先通过征服，后来通过殖民定居，从欧洲的大西洋沿岸扩展至西半球。葡萄牙和西班牙占领了南美，将其变为自己的殖民地，英国和法国在北美如法炮制。南北美洲摆脱欧洲统治最终获得政治独立后，欧洲移民大规模涌入西半球。与此同时，西欧大西洋沿岸的临海国家也将触角伸向了印度和太平洋，统治了今天的印度和印度尼西亚，在中国的部分地区以教导者的角色存在，瓜分了几乎整个非洲和中东，占领了太平洋、印度洋以及加勒比海的几十个岛屿。

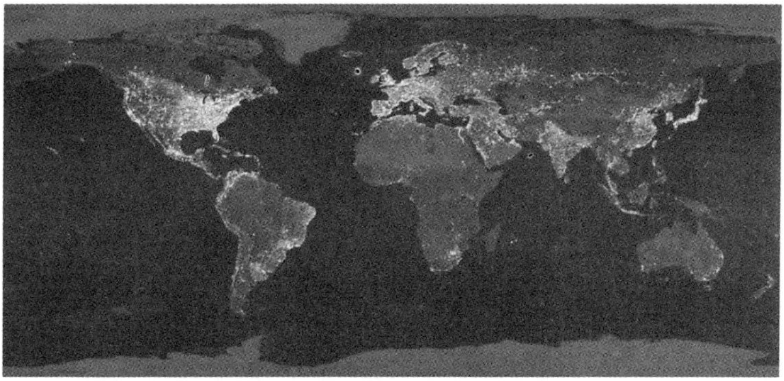

地图1.1 夜间的地球

从16世纪到20世纪中叶，这种文化和政治扩张的结合使得北大西洋地区的欧洲国家在全球许多地区占据政治支配地位（在这方面，它们的帝国版图与更早期的，但从本质上来说与外界隔绝且领土相连的区域帝国根本不同——例如罗马、波斯、莫卧儿、蒙古、中国或印加帝国。每个帝国都认为自己是世界的中心，对世界其他地区知之甚少）。从17世纪到19世纪，沙俄大规模扩张其陆上帝国，但它同样只吞并了临近区域，除了在一段短暂时间内吞并阿拉斯加外。奥斯曼帝国在中东和东南欧地区的扩张也是如此。

版图最辽阔时期的各大帝国

1. 大英帝国（1920年）	3400万平方公里
2. 蒙古帝国（1309年）	2400万平方公里
3. 俄罗斯帝国(1905年)	2300万平方公里
4. 法兰西第二殖民帝国(1920年)	1500万平方公里
5. 中国满清王朝(1800年)	1500万平方公里
6. 西班牙帝国(1800年)	1400万平方公里
7. 倭马亚王朝 (720年)	1100万平方公里
8. 中国元朝 (1320年)	1100万平方公里
9. 阿巴思王朝(750年)	1100万平方公里
10. 葡萄牙帝国(1815年)	1040万平方公里
11. 波斯阿契美尼德帝国(公元前480年)	800万平方公里
12. 罗马帝国(117年)	650万平方公里

但在大西洋沿岸的欧洲海上强国实施全球扩张的同时，它们之间的长时间冲突，削弱了其相对于欧洲大陆和北美的新兴大国的地缘政治地位。16、17世纪低地国家[1]和德国省份的长时间战争所带来的物质和战略成本，耗尽了伊比利亚人的力量，与此同时，在17世纪末，面对英国在海上以及邻国法国在陆上的势力增强，荷兰的卓越地位开始衰落。到18世纪中叶硝烟散去时，在

1 Low Countries，特指荷兰、比利时和卢森堡。

对帝国统治地位的争夺中，英国和法国成为仅存的竞争者。

19世纪，它们对殖民地的跨洋争夺扩展为对欧洲本身的支配地位的争夺，20世纪初又演变为反对一个崛起的欧洲陆上大国——德国——的联盟，德国并非出于巧合也参加了全球殖民竞争。在后来的两次世界大战之后，欧洲受到严重破坏，陷于分裂，士气低落。的确，在1945年后，一个欧亚陆上大国苏联成功成为欧洲的地理中心，似乎准备着像约700年前的蒙古帝国那样进一步向西扩张。

与此同时，在北大西洋对岸，美国在19世纪幸运地隔绝于欧洲各国围绕欧洲大陆和更大范围的帝国疆域而进行的毁灭性的对抗之外，一直致力于发展工业和军事实力。美国在20世纪上半叶参与了两次世界大战，在遏制德国力量在欧洲的优势方面起到了决定性作用，与此同时，美国避免了自己陷入那些冲突所带来的前所未有的破坏和伤亡。而且，美国在二战结束时令人羡慕的经济和地缘政治状况为其带来了一种新的地位——全球卓越地位。因此，随后的美苏冷战促使重新定义的横跨大西洋的西方出现，这个西方依靠美国，因此也受美国支配。

美国以及独立的西欧残余国家——以遏制苏联的共同目标以及相似的政治经济体系和意识形态取向为纽带联系在一起——成为重新界定的大西洋世界的地缘政治核心，出于防守目的，将全部注意力集中于面对横跨欧亚的中苏集团如何谋求生存上。随着跨洋的北大西洋公约组织（北约）的创立，这一纽带在安全领域得以制度化，而力图加速战后复苏的西欧，通过欧洲经济共同体的成立走向了经济一体化，这个组织后来演变为欧盟。但相对于苏联而言仍十分脆弱的西欧，几乎正式成为美国的保护领地，也非正式地成为其经济金融属地。

然而，在40年左右的时间里，就是这个跨大西洋的处于守势的西方突然成为在全球居于支配地位的西方。在东欧苏联集团两年前分裂之后的1991年，苏联解体，其原因包括如下几个因素：社会疲倦、政治无能、马克思主义在意识形态和经济方面的失败、西方军事遏制与和平的意识形态渗透的成功外交政策。它所带来的直接影响是延续半个世纪的欧洲分裂的结束。从全球意义上说，它也突出了欧盟自身作为主要的金融和经济（可能甚至是军事/政治）力量。因此，正走向一体化的欧洲仍在地缘政治上与美国联系紧密——那时美国是世界上唯一的军事超级大国以及世界上最具创新能力、最富有的经济体，21世纪前夕的大西洋西方似乎做好准备，迎接一个西方在全球享有至高无上地位的新时代。

这一在全球享有至高无上地位的金融和经济框架已然存在。即使在冷战期间，由于西方国家的资本主义制度和美国经济的非凡活力，它们相对于其地缘政治和意识形态对手苏联，拥有明显的金融和经济优势。因此，尽管面临严重的军事威胁，但这些大西洋国家成功地通过一个正在形成的合作性国际组织框架——从世界银行到国际货币基金组织，再到联合国本身，使其在全球事务中的支配地位得以制度化，从而似乎强化了一种令其卓越地位可以持续存在的全球框架。

西方意识形态的吸引力在这段时期也有所提升。西方将其颇具吸引力的人权和政治自由的远景投射到了中欧和东欧，从而使苏联在意识形态方面处于守势。到冷战结束时，美国和西方世界发现自己与人类尊严、自由和繁荣等在全球颇具吸引力的原则普遍联系在了一起。

地图1.2　北约成员国（2010年）

然而，虽然西方由此产生的吸引力大于以往，但其地理控制范围在二战刚结束时实际上缩小了。西方帝国在经历了两次世界大战后力量大大削弱，而新获得支配地位的美国拒绝继承其欧洲盟友的帝国遗产。罗斯福总统并未隐藏自己的想法：美国在二战期间对欧洲解放的承诺并不包括恢复英国、法国、荷兰、比利时或葡萄牙的殖民帝国。

然而，对殖民主义的坚决反对，并未妨碍罗斯福决心为美国在关键中东产油国赢得有利可图地位的贪婪的美国政策。1943年，罗斯福总统指着一幅中东地图直言不讳地告诉英国驻美大使哈里法克斯勋爵（Lord Halifax）："波斯的石油是你们的。我们共享伊拉克和科威特的石油。至于沙特阿拉伯的石油，那是我们的。"[1]美国随后就开始了对这一地区费心费力的政治参与。

欧洲帝国的终结更多的是其殖民对象越来越不安于现状的结果。民族解放成为它们的斗争口号，而苏联的意识形态甚至还有军事支持，使得镇压的代价非常高昂。新的政治现实是，以欧洲为中心的西方老牌殖民帝国的解体不可避免。

英国在尚未面临迫使其撤出的压力之前，就明智地从印度撤出，后来又从中东撤出，但英国留下的宗教与种族暴力，导致了印度的巨大人类悲剧，和到了今天仍在困扰西方的棘手的中东地区巴以政治冲突。在美国的鼓励下，英国随后半自愿地撤出了在非洲的殖民地。东印度群岛（印度尼西亚）的荷兰人选择留下来斗争——但他们失败了。法国亦然，它先在越南，后在阿尔及利亚打了两场血腥的殖民战争，均以失败告终。葡萄牙在压力之下撤出了莫桑比克和安哥拉。西方国家的地理范围因此缩小了，但与此同时，其地缘政治和经济优势地位提升了，这在很大程度上是由于美国文化、经济和政治力量的全球影响扩大了。

与此同时，因受冷战之雾遮蔽，公众并未意识到，一种全球政治和经济力量分布方面的更基本的转变也在发生。最终，这带来了国际体系中的一种新权力等级，作为2007年底的金融危机的后果，这种权力等级第一次更加明显地展示出来。这场危机说明，应对全球经济挑战现在不仅需要世界唯一的超级大国或者是整个西方的力量，而且需要迄今为止还被认为没资格参与全球金融经济决策的国家的力量。

上述新现实得到实际的认可是在2008年。来自亚非拉的新成员加入了八国集团，该集团此前一直是排外的、主要由西方国家组成的金融决策者俱乐部。这一集团将此前狭小的圈子转变为在全球更具代表性的二十国集团。这一转变的象征是，2009年在美国举行的首届二十国集团会议上，最重要的领导角色分别由美国和中国扮演。

这些事件的累积效果是，使得一项新的地缘政治现实不言自明：全球力量和经济活力的重心因而会相应地由大西洋向太平洋、由西方向东方转移。的确，经济史学家提醒我们，实际上，亚洲国民生产总值占全世界的份额，在大约18个世纪的时间里一直遥遥领先。直到1800年，亚洲的国民生产总值在全世界总额中仍约占60%，相形之下欧洲只占30%。1750年仅印度的份额就占25%[根据印度前财长贾斯旺特·辛格（Jaswant Singh）提供的数据]，与美国目前的份额相近。但在19世纪和20世纪，随着猛增的工业创新和渐趋成熟的金融体系所支撑的欧洲帝国主义的入侵，亚洲在全球的份额急剧下跌。例如，到1900年，在英国的长期帝国统治之下，印度的份额缩小到仅为1.6%。

在中国与在印度一样，英国帝国主义紧随英国商人而来。后者通过购买中国茶叶、瓷器、丝绸等商品而积累了高额货币赤字，他们试图依靠向中国进口商出售鸦片进行补救。随后，北京禁止进口鸦片并限制外国商人入境的迟来努力，引发了两次武装干涉，第一次是英国的干涉，第二次是英法的干涉，这进一步促使中国在全球经济中的地位急速衰落。

中国和印度曾拥有卓越的经济地位。这一重要历史事实令一些人认为，亚洲当前的经济崛起，从根本上说是回归了久远之前曾持续很长时间的常态。但有很重要的一点值得注意，亚洲早期在国民生产总值方面的优势，是在世界各地区基本上相互隔绝、经济往来十分有限的情况下取得的。欧洲和亚洲之间的经济联系所涉及的贸易主要以易货为基础，商品主要在少数几个港口（尤其是印度的加尔各答）进行交易或由定期缓慢经过丝绸之路的商队运送。持续互动、日益互依的全球经济当时并不存在。

因此，亚洲过去那种虽然从数据上看令人印象深刻但与外界隔绝的经济实力，并没有向外投射。15世纪初，中国走上了大力推行闭关锁国政策的道路，而在更早的时期，中国甚至也没有利用其商业船队和海军的技术优势，来确立自己的政治影响范围。莫卧儿帝国统治下的印度拥有巨额财富，但缺少政治凝聚力或对外野心。的确，亚洲政治力量向西投射的唯一重要例子发生在蒙古人成吉思汗执政时期，他领导的那些马背上的武士开拓了庞大的欧亚帝国。然而，他们是从一个国民生产总值很低的国家奔驰出去的，这也证明了在当时军事实力并不会因为经济衰弱而受阻。

2. 亚洲崛起与全球权力分散

日本、中国和印度三个亚洲大国向着全球卓越地位的崛起，不仅极大地改变了全球权力排序，而且凸显了地缘政治力量的分散。这些亚洲国家成为重要的政治经济参与方，是二战后才出现的一种现象，因为它们直到20世纪后半叶才开始利用本国的人口优势。在1905年俄日战争中获胜后，日本在短暂时间内崛起为重要的军事力量，无可否认，这是亚洲在国际舞台崭露头角的最早迹象。然而，在取得这场意外胜利后不久，日本开始奉行军国主义，但它于1945年的战争中被美国彻底击败，对军国主义的追求就此结束。这场战争中，日本人宣称要将亚洲从西方统治下解放出来。随后日本从二战的巨大破坏中复苏，其经济增长标志着亚洲的国际地位不断提升，是亚洲未来前景的第一次重要预告。

稳定的和平式民主，国民对美国军事保护的接受，民众对重建受创的国家经济的决心，这些因素结合在一起，为日本经济的飞速增长创造了一种有利环境。以高储蓄率、中等工资水平、对高科技的有意专注和通过积极促进出口所带来的外资流入为基础，日本的国内生产总值由1975年的5000亿美元增加到1995年的5.2万亿美元。[2]不久后，日本的经济成就，成为中国大陆和台湾、韩国、东盟国家、印度尼西亚，以及更民主的印度纷纷模仿的榜样。

在20世纪中叶，较为自鸣得意的美国民众最初对日本在世界经济中的新角色几乎并未注意。但在20世纪80年代以及90年代初，美国公众的忧虑突然集中到日本身上。因为日本拥有一部和平主义宪法，并且是美国的坚定盟友，所以日本在地缘政治上咄咄逼人的姿态，并未刺激美国公众舆论。对美国公众舆论构成刺激的，是日本的电子产品以及随后的汽车产品明显控制了美国国内市场。大众传媒对日本购买关键美国工业资产（以及一些具有象征意义的资产：例如纽约市的洛克菲勒中心）所进行的危言耸听的报道，进一步激起了美国的多疑症。美国人开始将日本视为经济和贸易大国，甚至是美国在工业和金融方面的全球卓越地位所面临的日益加剧的威胁。日本作为新“超级大国”成了夸张的媒体报道和煽动性的国会言论中令人胆颤的、被广泛引用的口号。面对“升起的太阳”，美国行将衰落，这样的学说为普遍存在的民众忧虑提供了学术依据。这种忧虑直到20世纪90年代日本经历了经济增长乏力的“失去的十年”后才消退。

虽然对日本获得全球经济支配地位的担忧并无多少道理，但日本在二战后的复苏令西方觉醒，使其意识到亚洲扮演重要经济政治角色的潜力。该地区的经济成功，尤其是韩国于20世纪60年代开始的试图建立出口驱动型经济的类似努力，进一步强化了这一点。到2010年，曾经贫穷的韩国的总统能自信地宣称，他的国家做好了在全球经济决策中扮演重要角色的准备；具有象征意义的是，首尔甚至在2010年主办了一次二十国集团峰会。同时，台湾地区和新加坡都成为经济成功和社会发展的鲜活例子，它们在20世纪后半叶的增长率，大大高于西欧经济体在二战后复苏时期的增长率。

但这些只不过是世界地缘政治和经济力量排序方面最剧烈变化的前奏，21世纪头十年，中国迅速崛起，跻身于世界大国的前列。这一崛起的根基可追溯到几十年前，从100多年前怀有民族主义思想的中国年轻知识分子发起的对国家维新的探索开始，到几十年后中国共产党的胜利达到顶峰。虽然毛泽东倡导的在经济上和社会上都具有破坏性的“大跃进”和“文化大革命”在多年中阻碍了中国的崛起，但1978年邓小平大胆推行改革，使中国对外“开放”，使其步入了前所未有的国家经济增长轨道，前所未有的中国社会和经济现代化起飞由此开始。中国的崛起不仅标志着西方“一家独大”的终结，也标志着全球权力中心的相应东移。

中国国内政策的重新定向，恰逢重大的地缘政治调整，即中国与苏联分裂。中苏的日渐疏远和日益加剧的敌对，在20世纪60年代公开化。这为美国提供了一个拉拢中国加入对抗莫斯科的共同阵线的独特机遇，1972年总统尼克松首次对这一机遇进行了探索，后来1978年总统卡特令其开花结果。在随后仅仅30年的时间里，中国不再面临潜在的苏联威胁，得以将资源集中用于国内发展，中国实现了一定程度上的基础设施现代化，堪比西方在上个世纪的情形。虽然西藏和新疆所带来的内部民族挑战仍旧存在，1989年发生了重大国内政治动乱，也存在着带来痛苦社会影响的城乡发展不平等现象，但中国所取得的成绩令人瞩目。然而，这些最终也激起了美国民众的地缘政治担忧。有关中国“拥有”美国的口号，重演着早些时候有关日本在20世纪80年代末购买美国工业资产和房地产的喧嚣。到2010年，很多人担心中国会很快取代美国，成为世界最重要的超级大国，这种过度反应令人想起早些时候日本的例子。

促使全球权力分布格局日渐东移的另一个因素是，摆脱殖民统治的印度近年来走上世界舞台。印度是世界上人口最多的两个国家之一，也是一个抱有全球野心的国家。当今的印度是民主自治、社会严重不公、经济活力和普遍政治腐败的复杂混合体。因此，它作为世界事务中一支力量的政治崛起落后于中国。印度因共担所谓的不结盟国家的领导角色而备受瞩目，这些国家都反对冷战，包括古巴和南斯拉夫[1]等一批中立，但政治上摇摆不定的国家。印度与中国在1962年的短暂军事冲突以印度失败告终，这次冲突只在一定程度上因为印度1965年和1971年与巴基斯坦两场战争的军事胜利得到弥补。总的说来，直到不久之前人们普遍认为，印度是一个看待世界事务时抱有强烈道德观念，但没有与之相匹配的影响力的国家。

由于两方面重要变化的影响，这种看法开始改变。这两方面重要变化包括印度分别于1974和1998年公然测试了自己的核设施和核武器，以及从20世纪90年代开始的经济快速增长。印度的自由化改革——包括放开对国际贸易和投资的管制、支持私有化——正在将一个乏力笨重的准社会主义经济体，变为一个以服务和高科技为基础的更有活力的经济体，从而使印度走上了与日本和中国相似的出口驱动型增长轨道。虽然印度的国内弱点（从宗教、语言和民族多样性，到受教育比例低、社会严重不平等、农村不安定以及基础设施陈旧）仍旧存在，但到2010年，一些人甚至将人口开始超过中国的印度，视为挑战中国正在形成的亚洲政治支配地位的潜在对手。

提升印度在全球影响力的雄心勃勃的战略远景，和印度在地区内的地位至高无上的信念，驱动着印度的政治精英。美印关系在21世纪头十年逐渐得到改善，这进一步提升了印度的全球声望，满足了它的野心。然而，正在酝酿的印巴冲突，仍是导致

1 南斯拉夫，1929—2003年建立于南欧巴尔干半岛上的国家，现已解体。

印度无法将精力集中于更大地缘政治抱负的重要因素，这一冲突包括一场印巴为在阿富汗获得更大影响力而展开的“代理人”竞争。因此，印度的外交政策精英认为印度不仅是中国的对手，而且已经是世界超级大国之一，并没有认清现实。

尽管如此，中国作为美国在经济方面的挑战者，印度作为地区大国，富有的日本作为美国的太平洋盟友出现在国际舞台，这些不仅大大改变了全球权力排序，而且凸显了权力的分散。这会带来一些重大风险。这些亚洲大国目前没有（过去也没有）像冷战期间的大西洋联盟那样在地区范围内结盟。它们是竞争对手，因此在某些方面可能与欧洲大西洋大国在殖民时期与后来的陆上争夺时期的情形相似，这些国家在那个时期为获得地缘政治优势而进行的争夺，最终以一战和二战所带来的破坏告终。这种新的亚洲竞争有时可能威胁地区稳定，这一挑战因为亚洲大国人口众多并且其中一些国家拥有核武器，而可能带来更大的破坏。

无可否认，从前欧洲大国的跨洋帝国竞争，与目前亚洲大国之间的竞争存在一项根本区别。亚洲竞争的主要参与者并不争夺海外帝国，但对欧洲来说，对海外帝国的争夺使“远距离碰撞”升级为大国冲突。亚洲国家之间的地区冲突更有可能发生在亚太地区内部。然而，这些冲突即使仅限于本地区范围（例如岛屿、海上航线或水域问题方面的冲突），也会波及整个全球经济。

当前权力分散的更直接风险是一种可能很不稳定的全球等级制度。美国仍占据显赫地位，但因为其国内外挑战的复杂性，美国领导角色的合法性、有效性和持久性越来越在全世界受到质疑。然而，从传统意义权力的每一个重要的有形方面（军事、技术、经济和金融）而言，美国仍无可匹敌。美国拥有规模最大的国民经济，最大的金融影响力，最先进的技术，超过其他所有国家总和的军事预算，能迅速部署在国外、实际上也能部署在全球的武装力量。这一现实可能不会持续很长时间，但仍是目前国际生活中的现实。

欧盟可以努力成为世界第二，但这需要一个外交政策统一和防御能力共享的更有力的政治联盟。但对西方而言不幸的是，冷战后欧洲经济共同体扩大为欧洲“联盟”并未带来真正的联盟，而是名不副实；实际上，这个名称早该彻底改变。早先规模更小的西欧“共同体”，比后来几乎包括整个欧洲的规模更大的“联盟”在政治上更为团结，后者的团结借助的是部分国家采用共同货币，但却没有真正具有决定性的中央政治权威或共同的财政政策。在经济上，欧盟是一个主要的全球参与方；它的人口和对外贸易远超美国。然而，欧洲仍然只能在半统一的西方当中，通过其与美国的文化、意识形态和经济联系，更具体的是通过北约的联系，充当美国的低级地缘政治伙伴。欧盟本来可以将全球权力与全球体系的有关方面相结合，但自它们的帝国最终崩溃以来，欧洲大国选择将代价更高昂的维持全球安全的任务留给美国，以利用它们的资源来创造一种由社会提供安全保障（从摇篮到提前退休）的生活方式，这种生活方式所需资金来自无关经济增长的日益庞大的公共债务。

因此，欧盟在全球舞台上不是一支主要的独立力量，虽然英国、法国和德国还拥有残留的全球地位。英国和法国自1945年以来就与美国、俄罗斯和中国一起在联合国安理会拥有否决权，而且，同那些国家一样，它们也拥有核武器。然而，英国仍对欧洲统一保持警惕，而法国则对自己的更大的全球意图不甚确定。德国是欧洲经济的引擎，出口能力与中国不相上下，但仍不愿在欧洲以外承担军事责任。因此，虽然欧盟作为一个集体目前有很多弱点，但这些欧洲国家却也只有作为这个更大“联盟”的一部分，才能真正发挥全球影响力。

相比之下，中国令人瞩目的经济增长势头，在清楚的国家利益驱动下做出果断政治决策的能力，相对而言不受那些有可能削弱其力量的国外承诺的牵绊，其军事潜力逐渐提升，再加上全世界都认为它不久将挑战美国至高无上的全球地位，这些因素都表明，中国理应在当前的国际等级体系中居于仅次于美国的位置。中国越来越自信的表现是，中国的国家媒体频繁间接地提到，世界越来越将中国视为与美国争夺全球支配地位的竞争对手，虽然中国面临仍未解决的国内遗留问题：城乡不平等，以及民众可能会对绝对政治权威十分痛恨。

除前两名之外，其他大国的排序无法做到准确。然而，俄罗斯、日本和印度以及欧盟的非正式领袖：英国、德国和法国，一定榜上有名。俄罗斯在地缘政治上排在前列，这主要是因为该国石油和天然气丰富，并且仍是仅次于美国的核大国，虽然其军事力量因国内经济、政治和人口阻碍因素而被削弱，且该国东西两面都面临经济实力远超自己的邻国。如果没有核武器或一些欧洲国家对俄罗斯石油和天然气的依赖，俄罗斯就不会高居全球地缘政治权力金字塔的上部。在经济上，俄罗斯远远落后于日本。如果日本做出寻求更积极国际角色的战略选择，它的地位就会超过俄罗斯，成为主要的全球参与方。印度在地区内果断自信，在全球雄心勃勃，它新近跻身人们所设想的榜单上的前列，但其步伐因为与中国和巴基斯坦两个近邻的战略对抗及其各种社会和人口弱点而受到阻碍。巴西和印度尼西亚已经要求在二十国集团内参与全球经济决策，渴望分别在拉丁美洲和东南亚扮演地区领导角色。

前文已经指出，当前全球精英的上述构成情况，代表了国际权力分布由西向东的历史性转移以及在世界四个不同地区的分散。从积极意义上说，欧洲大国为追求自身利益而对世界大部分地区的控制已经结束。这些新的权力现实更能代表世界的多样性。一个排外的西方俱乐部——由英国、法国或美国支配——可以聚集在维也纳会议、凡尔赛会议或布雷顿森林会议上分享全球权力的日子，已经一去不复返了。然而，考虑到当前更多样的、地理上更分散的10个主要国家之间根植于历史的对抗和地区竞争持续存在，这一新事态也凸显出整个人类面临的严峻挑战—— 一些挑战甚至可能关乎人类存亡——越来越多时，在全球决策中达成一致更加困难。

新的主要国家榜单最终能保持多久，目前还远不能确定。人们不应该忘记这样一个事实：仅在1910年到2010年大约一个世纪的时间里，全球权力等级序列发生的重大改变不少于五次，除第四次外，这些改变都表明了西方全球卓越地位的分裂性衰落。第一次，在一战前夕，英法两帝国支配全球，与之前不久被正在崛起的日本击败的遭到削弱的沙俄结盟。雄心勃勃的德意志帝国得到衰弱的奥匈帝国和衰落的奥斯曼帝国支持，在欧洲内部对英法构成了挑战。工业上充满活力的美国虽然一开始处于中立地位，但最后对英法的胜利做出了决定性贡献。第二次，在一战和二战之间的那段时间，英国似乎在全球出类拔萃，虽然美国显然正在崛起。然而，到20世纪30年代初，迅速重新武装起来并且修正主义思想日益浓厚的纳粹德国和苏联已经在谋划改变现状。第三次，欧洲因二战而遭到破坏，二战随后又导致了美苏两个超级大国之间长达40年的冷战，这两个国家的力量都令其他国家相形见绌。第四次，苏联最终在冷战中“战败”，从而带来了美国作为唯一的全球超级大国支配世界事务的短暂单极局面。第五次，到2010年，包括日益壮大的亚洲国家在内的一种更复杂的新权力格局，伴随着美国仍旧占据的支配地位，正在明显地形成。

表1.1 逐渐缩短的帝国寿命

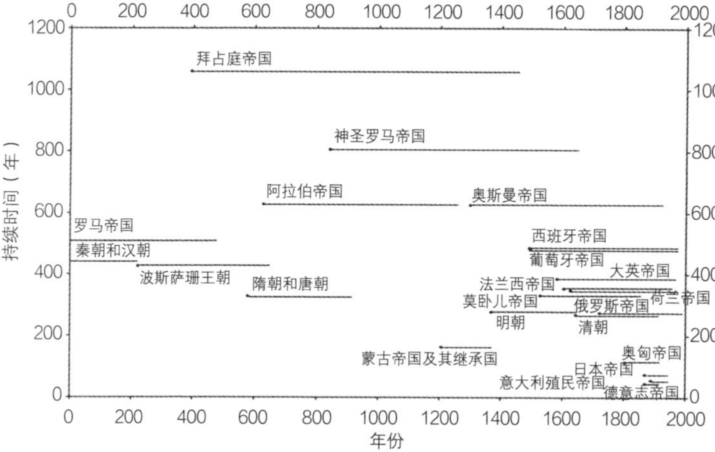

这些权力转移发生频率之高，标志着全球权力分布格局变化的历史性加速。在20世纪之前，一个主要国家的全球卓越地位能维持100年左右。但随着自觉的政治激进主义成为越来越普遍的社会现象，政治形势更加多变，全球卓越地位也更加难以维系。西方在整个20世纪仍在全球占据优势的事实，不应该掩盖另一项事实，那就是西方内部的冲突破坏了其曾经拥有的支配地位。

的确，直至今日，美国当前的国际领导地位能否持久无法确定，欧洲在世界事务的中心角色的终结以及欧洲在政治上的无能，俄罗斯对自己无力扮演的全球领导角色的怀念，人们对中国不久可能登上全球至高无上地位的推测，印度对成为世界大国的急切渴望及其国内外弱点，以及日本仍旧不愿将其全球经济影响力转变为政治上的咄咄逼人姿态，所有这些因素共同反映了一种现实：全球领导阶层基础更广泛但更缺少凝聚力。

3. 全球政治觉醒的影响

在全世界范围内，此前曾一直在政治上表现消极或者受到压制的群体，正经历着一轮政治觉醒。这一动荡现象的出现，加剧了正在发生的全球权力分散。最近几年，中东欧和阿拉伯世界接连发生政治觉醒，原因之一是，由即时视频沟通工具连接在一起的世界各地互联互动、互相依存；另一个原因是，一些欠发达国家近年来年轻人的数量迅速膨胀，而这一人群包括容易动员、政治上躁动不安的大学生和衣食无着落的失业者。上述两类人群都仇恨富人阶层与统治者的特权腐败。这种对权威与特权的愤恨，释放出了有可能引发大规模动乱的民粹主义激情。

这一新的社会现象涉及全球范围，影响极大，在历史上极为少见。在过往历史的大部分时间里，人类不仅居住在相互分割的地域内，而且还处在政治麻木的状态。大部分地区的多数人既没有政治意识，也很少采取政治行动。他们日常生活的主要关注点是，在身体和物质遭剥夺的情况下活下去。一方面，社会传统为他们提供了某种程度上的文化稳定性，有时也让他们面对艰辛命运时能够集体性地进行自我心灵安慰；另一方面，宗教为他们提供了一些慰藉。那时，政治权威是遥不可及的，经常被看作是神意的延伸，并因世袭制而合法化。当时的高层权力争夺主要局限于一个小圈子，而相邻社会群体之间的冲突又主要是针对地盘或者物质财产，起因主要是出自本能的族群间仇恨或者宗教信仰差异。只有与统治者最为接近的小部分特权阶层，才可能有政治对话、政治观点和政治诉求。

随着社会变得日益复杂，一个参与政治活动、努力争夺政治权力的阶层在社会结构的顶端渐渐出现。不管是罗马帝国，还是古代中国，皇宫里的朝臣和官员都秘密结党，当然不同的党派关注的不是政策问题，而是宫廷阴谋。随着社会的演进以及民众文化水平的提高，更多的人群进入了政治对话中：拥有土地的农村贵族、城市及郊区富有的商人和手工业者以及知识界的有限的精英阶层。然而，除了偶尔发生的主要是释放无政府主义愤怒的暴乱之外——如农民起义——绝大多数人参与不到政治，而且处于被统治的地位。

历史上第一个社会包容性强，但地理上相对局限的政治觉醒是法国大革命。这场大革命的爆发，起源于社会底层的动乱以及来自上层的群体传播。革命发生的背景是，传统的君主制由政治上先进但内部分裂的贵族，以及物质上享有特权的天主教会所维系。这一权力结构受到了政治上先进、诉求强烈的资产阶级的挑战，他们在主要的城区煽动民众；君主制还受到了愈发意识到自己所受剥削的农民阶层的挑战。此后，由印刷业推动的前所未有的政治宣传，很快将社会仇恨转化为革命的政治理想，而极具政治感染力的口号“自由、平等、博爱”就是当时政治理想的体现。

由此引发的政治暴动，使得集体性的、自觉的国家认同感在法国全国范围内瞬间激发起来。拿破仑在1789年革命之后取得的军事胜利，既源于他的军事才能，同样也源于政治上已经觉醒的法国民众基于认同感的集体狂热。那种狂热迅速在欧洲传播，首先是推动了拿破仑的胜利，此后这种狂热的反弹（激发了普鲁士人、奥地利人、俄罗斯人的民族主义激情）也导致拿破仑的失败。但是，“1848年欧洲革命”爆发时，欧洲大部分国家，尤其是德国，也包括意大利、波兰，很快还波及匈牙利，都陷入了狂热的民族主义和社会上自觉的政治觉醒浪潮中。当时，遥远的、开放的、处于后贵族时代的美利坚共和国（American republic），表现出了革命性稍弱但政治上更加鼓舞人心的人文主义的民主理念。对此，政治自觉程度更高的欧洲人颇为着迷。

然而，将近一个世纪后，欧洲在由其自身充满矛盾的民粹主义而激发的战争中受到伤害。两次世界大战以及旗帜鲜明地反对帝国主义的“布尔什维克革命”，使得大众的政治觉醒成为一种全球现象。英国与法国殖民帝国的士兵征战海外后回到祖国，对政治、种族与宗教认同以及自身经济穷困状况有了全新的认识。与此同时，西方高等教育越来越普及，西方的理念也由此得到传播，这使得欧洲殖民地的本土民众中的上等阶层，产生了极具吸引力的民族主义和社会主义意识。

印度的尼赫鲁、巴基斯坦的真纳、印度尼西亚的苏哈托、加纳的恩克鲁玛、塞内加尔的桑戈尔等，都是自己先经历了政治觉醒，此后逐渐具备了领导民众的政治号召力，最终领导各自国民实现民族解放。日本在进入20世纪时突然成为世界政治中的重要一员，这也刺激了中国的政治觉醒，而当时的中国正遭受欧洲列强的屈辱统治。在20世纪早期，孙中山在亲身观察日本自发的西方式现代化之后，开始了自己对振兴中华的追求；此时，另一位中国青年邓小平正以一个青年学生的身份在遥远的巴黎学习马克思主义。

我职业生涯中最为难忘的一刻发生在1978年，当时我来到北京，为实现美中关系正常化、结成事实上的美中同盟以对抗苏联而暗中开始努力。在我同邓小平进行了极为敏感的、小范围的谈判后，邓小平邀请我参加一个私人晚宴，这出乎我的意料。当时在紫禁城中，我们坐在一个能俯瞰小湖的亭子里。我向邓小平询问他的政治观点的演进过程，于是他开始回忆自己的青年时代。我们谈到了他在非常年轻的学生时代跨越重洋的经历，从中国中部先乘船到达沿海，然后转乘轮船，起程前往在上世纪20年代看起来非常遥远的巴黎。起程时，他觉得就像踏上了一个遥远的未知旅程。邓小平对我说，他到了法国后，极为强烈地感受到，中国的社会同法国相比有多么落后；他还讲述了他是如何在意识到中华民族备受屈辱之后，开始从马克思主义著作中学习历史经验的：马克思主义认为社会革命是拯救民族的捷径。就在那时，他的民族仇恨、政治觉醒以及意识形态合为一体，并影响了他日后相继参加的两次革命：毛泽东领导的告别中国屈辱历史的革命，以及后来他成为中国领导人之后领导的开创中国未来的革命。就在这一难忘的会谈过去还不到一年的时候，邓小平和他的夫人在对美国进行国事访问期间，令人惊喜地来到我在华盛顿郊区的家里参加晚宴。

在那两个世纪，大众传播技术革命与文化知识的普及，尤其是集聚程度越来越高的城市居民文化水平的提高，使个人的政治觉醒转变成大众现象。19世纪，手册宣传以及定期发行的报纸的出现，开始提升民众要求政治变革的欲望。随着社会的中上层群体渐渐养成了定期读报的习惯，他们的政治意识不断增强，他们对国家事务的政治讨论成为一种正常的社会现象。20世纪初期，无线电广播的出现使得政治演讲能够传播到全国范围（想想希特勒的例子），同时也让民众对那些即使发生在千里之外的事件也有了更加生动的感受，由此将政治上被动、处于半隔离状态的人们，暴露在接连不断的政治喧嚣中。

最近兴起的全球电视、互联网等，让原本隔离的人群同整个世界相联，也增强了政治活动人士接触、调动数百万人的政治忠诚与热情的能力。20世纪末，全球范围内的互联互通，将政治动荡转变为世界范围内学习街头战术的过程，原本相互孤立、地理位置上相互远离的政治派别，由此可以相互借鉴战术。尼泊尔的政治口号很快传播到玻利维亚，就像伊朗的颜色头巾被泰国借鉴一样；萨拉热窝悲惨遭遇的视频传到加沙，以及突尼斯的城市游击战术传播到开罗——这一切迅速在全球范围内的电视和电脑屏幕上播出。由于新媒体的出现，不同地区的人们的经历迅速传播，促进了针对民众的政治煽动。

在一些国家出现了“青年膨胀”（youth bulges）的现象，即超出正常比例的年轻人群体，在获得文化和经济认同方面困难重重，而传播技术的革命使得这一群体更加“不安分”。这一群体通常受教育程度良好但没有工作，由此带来的挫败感和孤立感使得他们成为军事组织招募的理想对象。根据国际人口行动组织在2007年发布的一份报告，1970年至1999年间发生的民事冲突中有

80%的事件都有“青年膨胀”群体的身影。另外值得注意的是，在中东与更大范围内的阿拉伯世界中，年轻人占总人口的比重高于全球平均水平。伊拉克、阿富汗、巴勒斯坦、沙特阿拉伯和巴基斯坦都有大量的青年人口，而这些国家的经济发展却无法吸收这些人，因此他们很容易产生不满和好战情绪。正是在从埃及以东到中国以西的这一地区，加速的政治觉醒最有可能引发动乱。该地区事实上是一个因年轻人众多而生成的“火药桶”。与此类似的危险的人口结构因素，在刚果、尼日利亚等非洲国家与一些拉丁美洲国家中也广泛存在。

今天的年轻一代对政治觉醒尤其敏感，因为互联网和手机将他们从相对封闭的本地政治现实中解放出来。而且他们还是最倾向于进行武力斗争的政治群体。在当今世界的大部分地区，数量众多的大学生事实上很符合马克思提到的“无产阶级”的概念：工业化早期由农民转化而来的不安分、充满仇恨的工人阶层，他们很容易接受意识形态煽动和革命动员。通过大众传媒而进行的政治口号宣传，可以将他们通常处于萌芽状态的情绪，转化为简单而又专一的行动计划与指南。越是能将他们的情绪与特定具体的仇恨和感受深切的热情联系起来，就越能在政治上动员他们。因此也就不难理解，关于民主、法治或宗教容忍的抽象口号反而更不容易引起共鸣。在一些情况下，带有摩尼教[1]色彩的宣传更具感染力，这些宣传集中关注民众在受到种族、民族或宗教等方面的屈辱后的具体反

1 摩尼教（Manichean），又称作牟尼教、明教，是一个源自古代波斯宗教祆教的宗教，为西元3世纪中叶波斯人摩尼（Mani）所创立，有着非黑即白的世界观。

应，1979年的伊朗就是一个例子。这种宣传更好地反映了年轻人的感受，并将他们对报应甚至报复的渴望合法化。

2011年前几个月在北非和中东地区发生的民众起义，极为生动地展现了加速的政治觉醒可能带来的巨大后果。此轮政治觉醒的特点是，不满的“青年膨胀”群体与日益发达的大众传播技术共同作用。这些起义的根源是年轻人对腐败、不负责任的国家领导阶层的不满。当地人对失业、政治权利被剥夺、长期施行的“紧急”法律等的不满，为爆发起义提供了直接的推动力。几十年来一直能够安稳统治的领导人，突然间面对着从帝国统治时期结束以来一直都在孕育的政治觉醒。生活在中东地区的政治权利被剥夺但已觉醒的青年群体，再加上传播技术的革命，已经成为本世纪地缘政治方面的重要现实。

初期阶段的政治觉醒最为急躁和暴力。这一激情由历史上长期压抑的自我正当性所激发。此外，初期的政治觉醒的特点在于，聚焦于民族、种族、宗教的认同，尤其是因反对备受厌恶的外国势力而产生的认同，而抽象的政治概念则不在此列。因此，欧洲的民粹主义和民族主义情绪起初是由反对拿破仑的征服而催生的。19世纪，日本德川幕府时代晚期的政治动乱，起初表现为反抗外敌的愤怒，在20世纪前半段演变为扩张主义与军国主义。19世纪、20世纪之交，中国反对帝国主义的斗争以义和团起义为起点，此后演变成民族主义革命与内战。

在当今的后殖民时代，新的政治觉醒群体有一种共同的历史背景——穷困、长期受外国统治、没有自尊、长期处于弱势地位，而这些都被归咎为西方统治的结果。对英国、法国、葡萄牙、西班牙、比利时、荷兰、意大利、德国的殖民主义依然生动的记忆，激发他们把反对殖民主义的“尖刀”挥向西方。在中东地区的穆斯林国家，即使是那些痴迷于美国大众文化的众多年轻穆斯林，也极为仇恨美国对中东的军事入侵和对以色列的支持，他们将之视为西方帝国主义的扩张进而使自己处于穷困状态的主要根源之一[1]。

有人在二战后对上述现象进行了一个前瞻性分析，结论是：“当今的文化非西方主义的共同且基本的要素是对西方世界强烈不满。”[3]塞内加尔诗人大卫·迪奥普（David Diop）在其诗歌《秃鹰》中写道：

在那些日子，
当文明一脚踹在我们的脸上，
当圣水拍打到我们杂乱的眉毛上，

---

1 2010年的一份皮尤调查结果显示，在土耳其、埃及、约旦、黎巴嫩、巴基斯坦，对美国持正面看法的受访者比例，分别为17%、17%、21%、52%、17%。该调查还显示，当被问及美国制定外交政策时是否会在“很大程度上”或“相当程度上”考虑到受访者所在国家的利益时，土耳其、埃及、约旦、黎巴嫩、巴基斯坦的受访者作出肯定回答的比例分别为9%、15%、26%、19%、22%。
2008年一份针对西方人自私与傲慢形象的皮尤调查结果显示，在受访对象中，81%的印度尼西亚人、73%的约旦人、69%的土耳其人、67%的英国穆斯林、63%的埃及人、57%的德国穆斯林、56%的尼日利亚人、54%的巴基斯坦人、51%的法国穆斯林、50%的西班牙穆斯林将西方人同“自私”联系在一起。该调查还显示，受访对象中，74%的尼日利亚人、72%的印度尼西亚人、67%的土耳其人、64%的英国穆斯林、53%的巴基斯坦人、49%的埃及人、48%的约旦人、48%的德国穆斯林、45%的法国穆斯林、43%的西班牙穆斯林人将西方人同“傲慢”联系在一起。

秃鹰在它们尖爪的阴影里构建，

沾满血的保卫纪念碑……

这首诗体现了后殖民地区新知识分子阶层的反帝国主义情绪。如果针对西方的此类情绪发展成新兴国家里政治觉醒民众的共同思维，那么西方在21世纪初满怀希望地宣扬的良性的民主价值观，就将与历史擦肩而过。

全球政治觉醒带来的另外两个间接结果也值得注意。首先，全球政治觉醒意味着，西方国家不能再像以前那样依靠技术领先的远征部队，对政治上被动、装备落后、各自为战的当地民众进行相对廉价的、一边倒的军事行动。19世纪，在中非国家抗击英国人、高加索抗击俄罗斯人、印第安人抗击美国人的战斗中，本土人同组织精良、装备先进的入侵者的伤亡比例为100比1。而政治觉醒的来临在当地人中间激发了更加强烈的共同使命感，大大提升了外国统治的成本。最近几十年里，斗志昂扬、坚持不懈、运用非传统战术的越南人、阿尔及利亚人、车臣[1]人、阿富汗人对外国统治的民众抵抗（“人民战争”），很好地说明了这一点。在意志与毅力的战斗中，技术先进的一方不一定取胜。

其次，政治觉醒的大规模传播，使以前竞争性世界政治中尚未出现过的一个维度，变得尤为重要，这个维度就是全球的体系性对抗。工业化时代开始前，以强大财政为后盾的军事实力（武器、

---

1 车臣，俄罗斯的一个共和国，并非独立国家。

组织、斗志、训练、战术领导力）是寻求统治地位的核心与决定因素，当时只需一场决定性的陆地或海洋战役就能解决问题。

在我们这个时代，由民众评判出的相对社会表现，已成为国家影响力的一个重要因素。在公元1800年之前，人们并不关注互为对手的法国与英国或奥匈帝国与奥斯曼帝国，更不用说中国与日本之间的比较性社会统计数据——当时也无法得到这些数据。但在不到一个世纪的时间里，社会比较对塑造公众认可的具有竞争力的国际地位而言越来越重要，尤其是对那些头号“主角”来说，更是如此。例如冷战时期的美国和苏联，以及如今的美国和中国。对不同社会条件的辨别意识现在十分平常。国际新闻和信息可迅速、大量地获取，众多社会和经济指标可为人们所用，地理上相隔遥远的经济体和证券交易所之间日益增加的互动，对电视和互联网的普遍依赖，这一切都促使人们不断对各主要社会体系的实际表现和未来承诺进行比较性评估。主要对手之间的体制竞争，目前不断受到审视。全世界当前都认为，这场竞争的未来结果尤其取决于美中两国经济和社会体制的相对表现——人们对其仔细衡量并且甚至提前几十年就进行预测。

由此带来的广泛效果是，以下几个因素正以前所未有的程度塑造世界：民众情绪的互动、集体观点，以及有关人类主观上不再愿意屈服于一个政治和文化上的特定地区所拥有的客观力量的矛盾叙述。因此，西方并未终结，但其全球优势地位终结了。这反过来强化了西方的未来角色对美国、美国的国内活力及其外交政策的历史适切性的主要依赖。美国体系在国内的运作情况如何以及美国在国外表现如何将决定西方在新的客观和主观全球背景下的位置和角色。这两个问题如今都还没有答案，它们的最终建设性解决是美国当前的独特历史责任。

因此，如果美国想继续扮演建设性的全球角色，那么美国体系的持续吸引力——至为关键的建国宗旨、经济模式的活力，以及民众和政府的良好愿望——至关重要。美国只有向世界表明其社会体系能够获得更好的绩效，才能恢复其历史势头，尤其是面对着对第三世界国家吸引力日渐增加的中国时，更是如此。例如，相较于英国，当美国在二战结束时将自己树立为反殖民主义斗争中无可争辩的冠军时，美国就成了那些寻求通过自由企业实现现代化的国家所青睐的另一种选择。一个被其他国家视为正处于历史巅峰的国家，要想维护本国利益就没那么困难了。在这个新世纪，除美国的意识形态之外，尚未有其他明显的选择。虽然如此，但如果人们普遍将美国体系视为不实用的模式，那么中国的持续成功可能会成为另一种可供选择的体系。

在这种情况下，西方作为一个整体可能会陷于危险。美国的历史性衰落会削弱欧洲的政治自信和国际影响力，欧洲将独自面对一个可能更加动荡的世界。欧盟面对人口老龄化、增长放缓、超过美国的公共债务等问题，并且在现今这个历史阶段缺少作为一支主要力量采取行动的共同的“欧洲”雄心，所以，欧洲未必有能力取代美国曾经令人难以抗拒的吸引力或美国的全球性角色。

因此，欧洲对其他地区而言可能并不是一个合适的模范。欧洲过于富有，令世界上的穷国感到遥不可及，欧洲吸引移民，但无法鼓励其他地区仿效。它在国际安全方面过于被动，缺少阻止美国采取已加剧全球分裂——尤其是与伊斯兰世界的分裂——的政策所需的影响力。欧洲过于自满，从其表现来看，似乎其中心政治任务就是成为世界上最舒适的养老地。它太难以改变，担心多种文化带来的多样性。因此，当世界权力等级体系缺少连贯性和对未来的共同远景时，地缘政治上的西方国家中，有半数不再积极确保全球地缘政治稳定，全球动荡和政治极端主义的抬头可能成为西方意料之外的遗产。

有些悖论意味的是，这使得美国的自我复兴比以往更加关键。

本章注释：

[1]彼得·诺兰（Peter Nolan）《十字路口》（伦敦，2009年）。还参见丹尼尔·耶金（Daniel Yergin）《石油战争》（纽约，1993年）

[2]世界银行：世界发展指数，2011年4月26日

[3]唐纳德·J. 帕查拉（Donald J. Puchala），《国际关系中的理论与历史》一书中的第8章“种族与国际关系”（1994年）

第二章

美国梦的消逝

不论好坏与否，美国都是全球关注的焦点。没有任何国家能够与美国比肩，不管过去还是现在，它的多种族民主一直是全世界政治觉醒的大众所向往、嫉妒，有时甚至是敌视的对象。这一基本现实引出了几个关键问题：美国制度仍是值得全世界学习的典范吗？政治觉醒的大众是否认为美国的今天将是自己的美好明天？他们是否把美国视为世界事务的积极影响者？美国对国际事务发挥建设性作用的能力，取决于全世界如何看待其社会制度和全球地位。因此，一旦美国国内的不利现实和国际上不受欢迎的外交政策令其丧失传统权威，那么其国际地位将不可避免地开始下降。因此，即使拥有先天与历史两方面的强大实力，美国也必须克服国内的巨大挑战，调整有失偏颇的外交政策方向，以重新赢得世界的赞赏，重振其制度优越性。

1. 同一个美国梦

多少年来，“美国梦”令无数人心驰神往，吸引着他们奔向美国的海岸。美国长期以来一直吸引着那些志向远大的人，不仅包括受过良好教育并希望继续寻求更高等教育的人，还包括希望挣脱不发达国家贫困奴役的人，这一切绝非偶然。很多外国的科学家、医生和企业家仍然认为，他们在美国会比在自己国家获得更多的事业发展机会。那些更年轻的移民则希望能到美国攻读研究生，因为获得美国的高等学历可以提升他们在本国和国外的就业机会。每年，近百万留学生中的很多人因为机会的诱惑而选择留下来。还有那些有时需要冒着生命危险到美国从事低技术工作的中美洲穷人，他们也做出了自己的人生选择，这个选择使他们从此脱离了那些没有勇气踏上这条危险旅程的人还在过着的生活。对这些梦想者而言，美国仍然是通向更美好人生的最具吸引力的捷径。而美国也成为这些个人梦想的最终受益者。

美国的吸引力经久不衰的关键在于，它把理想主义和物质主义这两大激励人类进步的精神动力结合到一起。理想主义表达的是人性最美好的一面，它崇尚先人后己的精神，并要求对人类天性中的高尚品质给予社会政治上的尊重。美国宪法的起草者们把握住这种理想主义精神，通过构建政治制度，维护了有关人类“不可剥夺的权利”等共认的基本前提（尽管没有废除奴隶制是其不光彩的一面）。政治理想主义从此得以制度化。与此同时，美国幅员辽阔而且从未经历过封建社会，因此，这个疆域广袤的新生国家给那些渴望个人解放和发财致富的人，提供了令他们向往的物质机会。在公民权利与创业精神两个方面，美国所能提供的一切，都是当时的欧洲和世界其他国家不具备的。

理想主义与物质主义的双重吸引力从一开始就成为美国的特色。美国还吸引了大西洋彼岸那些渴望自己的国家也能够践行美国独立战争精神的人。不管是法国的拉斐特[1]大将，波兰的柯希丘什科[2]，还是19世纪中期匈牙利的科苏特[3]，他们个人对美国的贡献，都让一种值得学习的新的社会模式在欧洲得到广泛认同。托

1 Lafayette，法国将领、政治家。参加过美国独立战争，支援美国独立事业，后参加法国革命。

2 Kosciuszko，1794年波兰民族起义的领袖。

3 Kossuth，1849年匈牙利共和国元首。

克维尔[1]剖析美国新式民主的著作和马克·吐温笔下充满西部风情的自由生活，加深了欧洲人对这种新社会模式的向往之情。

然而，如果不是这个年轻的国家里有数不清的发财机会，上述因素都不足以吸引移民群体急切地涌入美国。免费的土地和没有封建地主的制度召唤着他们。廉价的移民劳动力推动着经济发展，而经济的发展又带来了前所未有的商业机会。移民们在写给家乡亲人的信中，讲述着自己如何成功拥抱美国梦，不过这些描述往往过于夸张。天哪！一些人来到美国之后痛苦地发现，这里的马路居然不是“用金子铺成的”。

没有重大的外部威胁，偏安一隅的安全感（与大洋彼岸当时的状况形成鲜明对比），个人自由和宗教自由意识的觉醒，以及广袤边疆的发财机会，给这种新式生活的理想与现实之间画上了等号。另一个原本极其麻烦的问题也因此被掩盖，甚至合法化：印第安人不断遭到驱逐，最终近乎灭绝（1830年，美国政府通过了《印第安人迁移法案》，这是第一个将种族清洗合法化的案例）；奴隶制依然存在，美国黑人长期遭受社会歧视与种族隔离。但是，美国人对外宣称的现实却大体上是一个理想化的版本，不仅美国人对这种自我形象津津乐道，在其他国家，特别是欧洲，这种形象也得到广泛认同。

直到进入20世纪几十年之后，人们才开始看清美国的真实面目，在此之前，只有美国的南方邻居对这种所谓的美好形象嗤之

1 Alexis de Tocqueville，法国政治思想家和历史学家。代表作有《论美国的民主》《旧制度与大革命》。

以鼻。在墨西哥眼中，年轻的美国是另一番模样：一个实行扩张主义和对土地贪得无厌的强国，无情地追逐物质利益，为满足国际野心而奉行帝国主义路线，假腥腥的民主热情。虽然墨西哥本国的历史也不是那么无可指责，但这个国家对美国的憎恶都是基于历史事实。美国的强大牺牲了墨西哥的利益，年轻的美利坚合众国的帝国主义架势和领土野心，与它那极富魅力的国际形象并不是那么相符。很快，在不断的扩张中，美国把国旗插到了夏威夷王国，几十年后，甚至插到了太平洋对岸的菲律宾（美国直到二战后才从那里撤出）。古巴和中美洲的一些地方，也有过类似于墨西哥的与美国实力碰撞的经历。

从19世纪到20世纪初，其他国家对美国的态度比较复杂。南美的一些国家起初对美国敢于反抗欧洲殖民者统治十分钦佩，一些国家还向美国学习，制定美国式宪法。但是，反对欧洲插手西半球事务的“门罗主义”，却并未赢得广泛而明确的认同，一些南美人怀疑美国的真实动机是为了一己私利。政治和文化的对抗多了起来，特别是中产阶级知识分子中的政治活跃人士。两个具有地区野心的南美国家——庇隆[1]时期的阿根廷和瓦加斯[2]时期的巴西——在20世纪对美国的地区霸权公然发起挑战。与美国相距较远、政治觉醒也较晚的亚洲国家，此时也隐约感受到美国巨大物质成就的吸引力，但它们并不像欧洲那样，在思想上感到兴

1 Juan Domingo Perón，阿根廷民粹主义政治家，1946年至1955年、1973年至1974年期间，两次出任阿根廷总统。

2 Get ú lio Dornelles Vargas， 1930年至1945年、1951年至1954年期间两次出任巴西总统。

奋，在意识形态上产生共鸣。

美国的全球声望在20世纪两次达到顶峰。第一次是一战刚刚结束时，第二次则在冷战结束后。美国的新国际地位在威尔逊总统的“十四点计划”中得到体现，该计划与欧洲的帝国主义和殖民主义传统形成鲜明对比。国际政治的参与者们清楚地认识到，美国在一战中的强大军事干预，和在民族自决新原则指导下重新划分欧洲版图的过程中发挥的突出作用，标志着一个具有独特思想和物质吸引力的强国已经屹立于国际舞台上。即使在美国对外来移民关闭大门之后，这种吸引力也从未消失。显而易见，更重要的是，美国对全球事务的参与开始改变国际事务的基本模式。

然而，仅仅10年之后，“大萧条”便对美国制度的内在缺陷发出警示信号，美国的全球吸引力也随之突然下降。突如其来的经济危机以及它所导致的大范围失业和社会问题，暴露了美国资本主义制度的重大缺陷和不平等性，说明美国缺少一个有效的社会保障网（欧洲当时刚刚开始进行这方面的试验）。然而，美国大地充满机会的神话依然深入人心，这主要是因为纳粹德国对欧洲和美国公开信奉的共同价值观构成了直接挑战。此外，第二次世界大战爆发后，美国很快就成了欧洲的救命稻草。《大西洋宪章》总结了那些受到威胁的共同价值，并在事实上承认，这些价值能否存在下去完全取决于美国的实力。美国也成为那些希望躲避纳粹统治和战争灾祸，同时又对共产主义的日益传播心存恐惧的欧洲移民的主要避难所。与早期移民不同，这些新移民中受过良好教育者的比例较高，因此，他们给美国的社会发展和国际地位的提高，带来了切实的好处。

二战结束后不久，美国马上面临一个新的挑战：与苏联的制度性对抗。这位新对手不仅是全球霸权的有力竞争者，还为人类追求美好未来提供了一个雄心勃勃的备选道路。西方的“大萧条”，加上苏联在二战后逐渐成为地缘政治赢家——20世纪40年代末，莫斯科几乎控制了整个欧亚大陆——使苏联共产主义的吸引力进一步增强。苏联式的粗糙、做作的理想主义和物质主义，在全球范围内与美国梦所代表的精神展开竞争。

在革命之初，新生的苏联就宣称自己正在创造世界上第一个绝对平等的社会。对马克思主义历史观充满信心的苏联，开始有计划地迈入以所谓的平均主义原则为基础的社会创新时代，进步的苏联领导人把这些原则强行制度化。服务于理性唯物主义的高压理想主义，成了富有感染力的乌托邦药方。

尽管苏联模式动用了恐吓、强制劳动、大规模流放和国家杀戮等手段，但它依然打动了那些对接连两次残酷的世界大战心有余悸、政治意识萌牙初现的人们。它吸引着西方发达国家那些在“大萧条”中对工业进步失去信心的贫困阶层，那些反殖民主义情绪日益高涨的亚洲和非洲大众，尤其是那些试图从一百年来的起义中寻找历史必然性的激进学者。甚至就在布尔什维克革命刚刚爆发，俄国尚处于社会匮乏状态和内战中，共产主义试验刚刚起步之时，一些来到这里的外国学者就成为苏联的忠实追随者，这不免让人想起历史上的美国。异想天开的美国左翼政治作家林肯·斯蒂芬斯（Lincoln Steffens）1919年短暂访问俄国后说过这样一句名言：“我已经去过未来世界，那里看起来很不错。”在接下来的几十年中，这种信仰成为广泛美化苏联试验以及对史无前例的大屠杀无动于衷甚至为其辩护的指导思想。不管是让-保罗·萨特[1]还是基姆·菲尔比[2]，不管是圣公宗[3]牧师还是贵格会[4]传教士，抑或是亚非反殖民主义政客，甚至包括曾访问苏联集中营的美国副总统（当时别人向他介绍说这是一个社会康复中心），在这些人看来，苏联对未来的这种认真而“理性”的建设相对于美国的自发式发展而言是一种进步。这种想法在当时那个“社会设计”第一次看上去似乎行得通的年代，开始具备广泛的号召力。

关于苏联即将实现社会平等、全体就业和全民医疗的说法，也欺骗性地增加了苏联制度的吸引力。此外，到了20世纪60年代，苏联在与美国的太空军备竞赛的第一阶段获得巨大成功，而且苏联当时已经掌握了核武器，这一切似乎预示着苏联在与美国的理想主义和物质主义竞争中必将获胜。事实上，就连苏联领导人也公开做出过这样的预测，他们宣称，苏联经济将在20世纪80年代超过美国。

美国制度受到的第一次挑战，在25年后突然宣告结束，此时差不多恰好是克里姆林宫预计苏联制度将称霸全球的时间。出

---

1 Jean-Paul Sartre，法国20世纪最重要的哲学家之一，法国无神论存在主义的主要代表人物。他也是优秀的文学家、戏剧家、评论家和社会活动家。—译注

2 Harold Adrian Russell “Kim” Philby，苏联在冷战时期潜伏在英国的间谍，暗中替苏联内务人民委员部和克格勃效力，提供情报。

3 Anglicanism，又称圣公会、安立甘宗、英国国教派，过去属于天主教（大公教会）中的一个教派，而目前属于英国（严格地说是英格兰）的国教。圣公宗的教义以圣经为教义基础，在持守传统教义的同时，主张在具体解释上兼容各家之说，在天主教和其他新教宗派之间采取中间立场。

4 Quaker，又称公谊会或者教友派（Religious Society of Friends），是基督教新教的一个派别。

于种种原因——其中一部分源于苏联外交政策失误，一部分源于国内意识形态失效、官僚政治盛行和社会经济停滞，加上东欧政治动荡加剧和中苏关系恶化——苏联顷刻间土崩瓦解。苏联解体揭示了一个具有讽刺意味的事实：苏联声称自己的制度具有优越性，外国的支持者们也齐声赞同这一点；事实却证明，这些所谓的优越性在几乎所有的社会层面上都是谎言。这一巨大的失败之前一直被统治精英口中具有学术吸引力的"科学的"社会管理掩盖，统治者一边实施极权统治，一边可笑地掩饰着自己的特权。随着这种统治土崩瓦解，人们发现，四分五裂的苏联政治制度下掩盖的是一个发展滞后、穷困潦倒的社会。事实上，苏联只在一个方面对美国构成了威胁，那就是军事力量。就这样，美国在20世纪再次确立了无可匹敌的地位。

1991年之后有一段时间，美国的胜利看上去似乎将维持很久，美国在当时没有什么敌人，全世界都唯其马首是瞻，历史的脚步在这一刻似乎停了下来。制度上的挑战看来已经结束，多少有点讽刺意味的是，美国领导人开始像落败的竞争者苏联那样信心十足地宣告，21世纪还将是美国的世纪。比尔·克林顿总统在1997年1月20日的第二次就职演说中定下基调："在这本世纪最后一次总统就职典礼上，让我们放眼下个世纪，看看我们即将遇到的挑战……在21世纪之初……美国是全世界唯一不可或缺的国家。"他的继任者小布什做出了更为响亮的呼应，"上帝选中我们的国家，历史赋予了我们担当世界典范的使命"（2000年8月28日）。

然而，不久之后，中国令人吃惊地跻身世界大国之列，20世纪80年代因日本经济崛起而产生的国家焦虑再次出现。与此同时，美国在21世纪前10年逐渐陷入债务危机，美国经济的活力能否经得起时间检验，越来越难以确定。“9·11”事件之后，目标不清晰的“反恐战争”和2003年对伊拉克发动的单边战争，导致美国的外交政策开始在全世界，甚至一些盟友中普遍失助。2008～2009年的金融危机动摇了全世界对美国保持长期经济领导力的信心，与此同时，危机还揭示了美国制度中社会公正和商业道德两个方面的一些根本性问题。

但是，就在这场金融危机和伴随危机出现的2007～2009年的经济衰退的同时，华尔街贪得无厌、不计后果的投机行为被揭发，他们的行为与具有社会责任感的生产性资本主义制度的基本理念格格不入。但这也无法完全抹黑美国因为成功地将政治理想主义融入经济物质主义，而在其他国家心中建立起来的根深蒂固的形象。非常令人吃惊的是，危机发生后仅仅那么短时间内，德国总理默克尔就在美国国会的一次演讲（2009年11月3日）中热情洋溢地说她“渴望”投身于“美国梦”。她说，美国梦就是“每个人通过个人努力取得成功和实现人生理想的机会”。她用坚定的口气继续说道：“没有什么比美国制度中固有的自由的力量更能启发我，没有什么比它更能激励我，没有什么比它令我更感充实。”

然而，默克尔的发言中却暗含着一种警告：一旦美国模式的特殊形象衰落，这对西方将意味着什么，美国其实早在2008年危机之前就已经开始走下坡路了。在20世纪上半叶人们尚未近距离接触美国时，当美国在两次世界大战中以民主西方的捍卫者姿态出现时，当它被视为对抗苏联极权主义必不可少的砝码，特别是当它成为冷战当之无愧的胜利者时，美国的形象才最令人肃然起敬。

但是，在美国称霸世界的全新历史环境下，它的国内问题再也躲不过近距离的审视。人们不再普遍地把美国理想化，而是开始对它有了更深入的看法。因此，全世界越来越清醒地认识到，美国——尽管很多以实现“美国梦”为个人理想和抱负的人依然寄希望于它——正被这些严峻的现实挑战困扰：滚雪球般的国家债务、日益加剧的社会不平等、物质主义至上的铺张文化、为贪婪投机大开方便之门的金融制度和两极分化的政治制度。

2. 走出自我蒙蔽

美国人必须明白，我们的国际实力将越来越多地取决于我们解决国内问题的能力。如今，在任何时候想要正确预判美国的全球前景，都必须首先考虑国家能否慎重决定进行必要的制度改革。这需要美国人对国家目前的问题和尚存的全球影响力保持清楚的认识。在进行旨在维持全球领导地位和维护国内基本价值的必要改革之前，必须首先对美国进行一次头脑清醒的评价。

以下是美国正面临的日益严峻的六方面问题：

首先是美国日益庞大、最终不可持续的国债。美国国会预算办公室2010年8月发布的《预算和经济展望》报告指出，美国的公共债务与国内生产总值（GDP）之比约为60%，这是一个麻烦的数字，但还不至于因此就把美国归入全世界负债最高的国家行列。根据经济合作与发展组织的数据，日本债务与GDP之比高达115%，尽管持有这些国债的大多是日本人；希腊和意大利的债务与GDP之比约为100%。然而，婴儿潮时期出生的一代人即将退休，由此引发的结构性预算赤字将带来长期的重大挑战。布鲁金斯学会在2010年4月进行的一项研究中，基于多种假设条件对美国未来的债务水平进行了估算。结果显示，奥巴马政府目前的预算水平，可能使美国的债务与GDP之比在2025年超过二战后曾创下的108.6%的最高水平。由于满足这个支出计划需要大幅加税，而到目前为止国家还没有这样的打算，那么现实必然是：国家债台高筑，将使美国在面对主要债权国（如中国）时更显脆弱，威胁美元作为世界储备货币的地位，削弱美国作为世界杰出经济榜样的影响力，并进而导致它在二十国集团、世界银行和世界货币基金组织等机构的领导地位下降，国内发展的能力，甚至在某种程度上还包括为必要的战争筹款的能力，将严重受限。

罗杰·奥尔特曼[1]和理查德·哈斯[2]这两位经验丰富的公共政策支持者在2010年发表于《外交》杂志的题为《美国的肆意挥霍与美国实力》的文章中，对美国的悲观前景用悲观的字句作了简明扼要的概括："2020年之后的财政展望犹如世界末日……美国正在迅速走向历史拐点：要么行动起来整顿财政秩序，并重建那些决定其超级大国地位的因素；要么就等着承受国内和国外的双重后果。"如果美国继续拖延下去，不能拿出一个减少开支和增加收入双管齐下的严肃的改革方案，那么，它很有可能重蹈那些因财政危机而衰败

---

1 Roger Charles Altman，克林顿政府副财政部长、银行家。

2 Richard Nathan Haass，美国对外关系委员会主席，曾任美国国务院政策规划主任和前国务卿克林·鲍威尔的幕僚。

的大国的覆辙，例如古罗马帝国和20世纪的大不列颠王国。

第二，不健全的金融制度是美国的一个严重问题。它存在两个弱点：首先，它的高风险和不顾后果的扩张行为，是一颗具有系统性影响的定时炸弹，不仅威胁着美国，也威胁着全球经济。其次，它造成的道德风险加剧了美国的社会困局，从而引发了国内的愤怒情绪并削弱了美国的国际吸引力。美国的投资银行和经纪公司无度、失衡和不计后果的投资——美国国会不负责任地放松管制和鼓励购房贷款助长了这一苗头，贪婪的华尔街投机者则是幕后推手——引发了2008年的金融危机和紧随其后的经济衰退，使数百万人遭受经济打击。[1]

---

1 罗杰·洛温斯坦（Roger Lowenstein）的《华尔街的终结》（纽约：企鹅出版社，2010）一书中提供了以下具有说服力的数据，说明了美国人自己制造的2008~2009年金融危机所造成的社会和经济后果：

二十国集团的平均赤字水平从1%增至8%（第294页）。

截至2009年，美国的国债水平达到人均2.4万美元——其中2500美元是欠中国的债务（第294页）。

美国的国家财富总量从64万亿美元减至51万亿美元（第284页）。

美国的失业率达10.2%（第284页）。

美国的就业岗位减少了800万个（第284页）。

丧失住房抵押赎回权的案例，从2005年的每月7.4万个增至2008年夏天的每月28万个，到了2009年7月甚至达到36万个之多（第147、283页）。

2009年，银行以每周3家的速度在倒闭（第282页）。

2009年春，1500万户美国家庭的住房贷款额超过了他们的房屋市值（第282页）。

GDP一度下降3.8%——这是自二战军事行动结束后GDP下降最严重的一次（第282页）。

美国经历了自20世纪30年代以来持续时间最长的衰退（第282页）。

股市下跌57%——这是自“大萧条”以来的最大跌幅（第281页）。

令情况更糟糕的是，银行和对冲基金里的金融投机者，实际上脱离了股东的控制，他们个人获得巨额利润，但没有给经济创新或创造就业带来任何实际好处。2008年的危机还揭露了处于金融制度最顶层的人与这个国家的其他人（更不用说发展中国家的人）之间惊人的收入差距。事实上，据美国国民经济研究局2009年公布的一篇论文讨论稿，金融行业的工资与私人经济其他部门的工资之比，在2008年金融危机爆发前已经超过1.7——这是自二战之前以来的历史上从未有过的。通过实施简单而有效的监管来改革金融制度，提高透明度，改善可问责性，同时促进总体经济增长。只有这样，才能维持美国的经济竞争力。

第三，伴随着社会流动性受阻出现的收入差距扩大，长期威胁着社会共识和民主稳定性，而这两者是支撑美国有效外交政策的基本条件。根据美国人口普查局的数据，自1980年以来，美国的收入失衡现象不断加剧：1980年，最富有的5%的家庭的收入占全国总收入的16.5%，而最底层40%的家庭的收入占全国总收入的14.4%；到了2008年，这个差距扩大，两个数字分别变为21.5%与12%。除了年收入外，家庭拥有的总财富额的对比更加悬殊：美国联邦储备局的数据显示，2007年，最富有的1%的美国家庭竟然拥有33.8%的社会净财富，而下层50%的美国家庭只拥有2.5%的社会净财富。

这一趋势使美国在全世界收入水平和贫富差距的两项排名中均名列前茅，也让美国成为最不平等的发达国家（见表2.1和表2.2）。如果能保持美国梦精神所倡导的社会流动性，这种收入不平等还有可能更容易被接受。但是，过去几十年，在收入差距拉大的同时，美国的社会流动性实际上陷入停滞。表2.1中引用了基尼系数这项反映收入不平等状况的指标，该指标近年来的数据显示，美国在几大主要经济体中位居问题最严重的行列，与中国和俄罗斯不相上下，收入不平等问题比美国更严重的只有巴西这个发展中大国。

表2.1 收入差距

（不平等程度从高到低排列）

	年份	基尼系数
巴西	2005	56.7
美国	2007	45.0
俄罗斯	2009	42.2
中国	2007	41.5
日本	2008	37.6
印度尼西亚	2009	37.0
印度	2004	36.8
英国	2005	34.0
法国	2008	32.7
意大利	2006	32.0
欧盟	2009	30.4
德国	2006	27.0

资料来源：美国中情局《世界概况》。

此外，最近关于美国和欧洲各国的代际收入流动的比较研究显示，美国这片“机会之地”的总体经济流动性，实际上低于世界其他发达国家。更严重的是，在目前的美国，收入向上的流动性低于一些欧洲国家。其中一个主要原因是美国公共教育体系的低效。经合组织的数据显示，美国每个中小学学生获得的人均教育投资在发达国家中居首位，但是学生的很多项考试成绩却是最差的。这种状况造成大量的人力资本未得到开发，从而阻碍了美国的经济发展前景，导致美国制度的全球吸引力下降。

表2.2 社会财富分配

	年份，单位	最富裕的10%	最贫穷的50%
美国	2001，家庭	69.8%	2.8%
英国	2000，成人	56.0%	5.0%
日本	1999，户	39.3%	13.9%
意大利	2000，户	48.5%	7.0%（最贫穷的40%）
印度尼西亚	1997，户	65.4%	5.1%
印度	2002-2003，户	52.9%	8.1%
德国	1998，户	44.4%	3.9%
法国	1994，人	61.0%	无数据
中国	2002，人	41.4%	14.4%
加拿大	1999，家庭单位	53.0%	6.0%
澳大利亚	2002，户	45.0%	9.0%

资料来源：联合国大学报告，2008年2月。

第四个难题是美国日渐老化的国家基础设施。就在中国不断兴建新机场和新公路，欧洲、日本以及中国都拥有了先进的高速铁路时，美国这些方面的设施却全部停留在上个世纪的水平上。光是中国就有高速火车和近5000公里的高速铁路，但美国至今还没有这样的设施。北京和上海的机场不论外观还是运作效率都要领先华盛顿和纽约好几十年，美国的这两个地方越来越有第三世界国家的味道了，这真是令人尴尬。中国发生的一些极具代表性的21世纪结构创新事例，说明它正在赶超美国（虽然它的农村和小城镇尚未实现现代化），这一事实的象征意义十分深远。

美国土木工程师协会在2009年对美国的基础设施进行了评估，结论是，美国的基础设施总体得分为最低的D；其中航空基础设施得分为D，铁路C-，公路D-，能源D+。城市更新十分缓慢，很多城市的公共住房条件恶化，甚至首都也是如此，该情况就是缺乏社会关注的鲜明体现。只要坐上从纽约到华盛顿的火车（在速度缓慢、摇摇摆摆的美国"阿塞拉号""高速"列车上）就可以感受到美国基础设施的落后，从车厢窗户看出去，很难想象这就是那个在几乎整个20世纪都以社会创新为标签的国家。

可靠的基础设施对于经济效率和经济增长具有重要意义，同时也代表了一个国家的总体活力。在历史上，判断某个大国的制度成功与否的标准之一，就是这个国家基础设施的状况与独创性——不管是罗马人的公路和灌渠还是英国的铁路。而上述的美国基础设施现状，与其说它代表着全世界最具创新力的经济体，倒不如说它代表着一个正在衰落的大国更为贴切。如果美国的基础设施继续老化，其经济生产活动必然受到影响，尤其是在来自新兴大国的竞争越来越激烈的年代更是如此。当今世界，美国与中国的制度竞争很可能愈演愈烈，基础设施老化可能成为美国衰落的标志和征兆。

美国的第五个难题是公众缺乏对世界的了解。令人担忧的是，美国人对基本的世界地理、时事甚至重要历史事件的了解少得惊人，出现这种状况与公共教育体制的缺陷是分不开的。2002年美国《国家地理》杂志的一份调查显示，在18-24岁的青年中，加拿大、法国、日本、墨西哥和瑞典的青年能从地图上找出美国的人的比例，高于美国的同龄人。2006年的一份针对美国青年人的调查发现，63%的人在中东地图上找不到伊拉克，75%的人找不到伊朗，88%的人找不到阿富汗——而与此同时，美国正在以高昂的代价对该地区进行军事参与。在历史知识方面，最近的调查显示，只有不到一半的高年级大学生知道北约当初成立的目的是对抗苏联的扩张，30%的美国成年人列举不出美国在二战时的两个交战国。此外，美国公众对这几类知识的了解落后于其他发达国家。《国家地理》杂志在2002年的一次调查中比较了瑞典、德国、意大利、法国、日本、英国、加拿大、美国和墨西哥年轻人对时事和地理知识的熟悉程度，结果美国排名倒数第二，只超过了发达程度远远落后于它的邻国墨西哥。

公众可直接获取的能够帮助他们了解世界的报道太少，这进一步加深了公众的无知。除了五家主流报纸之外，地方媒体和各家电视台的国际时事报道少之又少，除了轰动性或灾难性事件的特别报道。长此以往，这种普遍性的无知可能导致公众面对煽动时容易产生不必要的担忧，尤其是涉及恐怖袭击时更是如此。政府因此更有可能制定一些搬起石头砸自己脚的外交政策。总而言之，公众的无知导致美国的政治环境中更受欢迎的，是把问题简单化的极端主义观点，利益游说集团也在背后兴风作浪；而不是对冷战后复杂的国际现实的多样化理解。

与这个方面相关的第六个问题是,内部对立日趋严重、党派性越来越强的政治制度。政治妥协越来越遥不可及，部分原因是媒体（特别是电视）、广播谈话节目和政治博客中越来越多地充斥着针锋相对的政党辩论，而不明真相的公众更容易受到摩尼教式的煽动。因此，政治瘫痪常常阻碍必要的改革措施（例如减少赤字）的推行。这导致美国在国际上越来越多地给人以没有能力处理迫在眉睫的社会问题的印象。而且，美国目前这种严重依赖竞选资金的政治制度越来越容易被资金充足，但只服务于小部分人利益的国内外游说集团利用，这些集团可以利用现有的政治体系，牺牲国家利益来推行它们的目标。最为严重的是，兰德公司的一项认真的研究说："想扭转由政治两极化这样深刻和广泛的原因所导致的过程，即使有办法也是极其困难的……我们的国家在今后很长的时期都将面对左翼与右翼政治战争持续不断的局面。"[1]

以上六个问题为那些认定美国将不可避免地衰落的人提供了论据。这些问题还导致美国制度在相对繁荣的欧洲所实行的从摇篮到坟墓的父爱式体制面前黯然失色。近些年来，很多人开始认为欧洲模式——欧盟的金融与贸易双重实力令欧洲的国际地位在近几十年里大大提升——比美国模式更有利于保障社会公平。然而，仔细研究后便会发现，美国的上述问题显然有一些在欧洲也同样存在，甚至更为严重，很可能影响欧洲的长期活力。例如，希腊和爱尔兰在2010年先后陷入债务危机，危机随后的蔓延表明，欧洲经济制度中的父爱式体制和高福利有可能难以为继，最终将威胁欧洲的偿付能力。英国执政的保守党最近对这个问题有了深刻的认识，开始采取紧缩措施，大幅削减社会福利。

与此同时，如前文所述，尽管美国号称是"机会之地"，但欧洲的社会平等和流动性程度确实高于美国。欧洲的基础设施，特别是高速铁路等注重环保的公共交通设施，比美国那些年久失修的机场、火车站、公路和桥梁要先进得多。欧洲人对地理知识和国际时事的了解也更多，不会轻易被扩散恐惧心理者利用（尽管存在一些边缘的民族主义和种族主义右翼政党），也因此不容易在国际上被人牵着鼻子走。

另外，中国常被视为未来的潮流。然而，考虑到中国的社会发展滞后和政治体制特殊，它还不能取代美国，成为更加繁荣、现代和民主的榜样。但是，如果中国按照目前的势头发展下去，并且不出现大的经济或社会危机，它可能会在全球政治影响力甚至最终在经济和军事实力上，成为美国的主要竞争者。以打破平均主义和追求物质财富为动力的中国现代化进程，对一些国家来说已经成为一种具有吸引力的模式，在这些国家，发展滞后、人口危机、民族紧张，甚至殖民主义遗毒共同导致了社会长期贫穷落后。对这部分人来说，民主还是专制是一个次要问题。可以想象，民主的和发展的印度，更有可能成为中国的竞争对手，但是印度还需要克服文盲、饥饿、贫困和基础设施落后等一些重要的社会问题，它目前还不具备与中国竞争的实力。

美国的资产负债表

负债	资产
国家债务	总体经济实力
有缺陷的金融制度	创新潜力
不断加剧的社会不平等	人口活力
越来越陈旧的基础设施	民众响应力
公众的无知	地理基础
政治对立	民主的吸引力

3. 美国尚存的实力

美国的资产负债表总结了影响美国制度全球竞争力这一重要命题的加分与减分项目：可预见的未来（例如未来20年）仍将在很大程度上由美国来塑造。如果美国能充分利用六个方面的重要实力，即总体经济实力、创新潜力、人口活力、民众响应能力、地理基础和民主吸引力，那么它就有能力纠正那些摆在眼前的问题。当下流行的对美国制度的解构主义理解，往往忽视了这样一个基本事实，即美国的衰落并不是注定的。

表2.3 各国GDP占世界的份额（%）

	1970	1980	1990	2000	2010
美国	27.26	26.18	26.76	28.31	26.30
欧洲*	35.92	33.77	31.70	31.92	28.30
中国*	0.78	1.00	1.80	3.72	7.43
印度	0.87	0.82	1.07	1.40	2.26
俄罗斯*	4.27	4.09	3.84	1.50	1.86
日本	9.84	10.68	11.88	10.25	8.74

资料来源：美国经济研究所、美国农业部国际宏观经济数据集（2010年12月22日更新）。

*欧洲2000年与2010年的数据包含欧盟27个成员国，其他时间的数据仅指“欧盟15国”；俄罗斯在1970年、1980年和1990年的数据，指的是苏联的数据，2000年与2010年的数据则是俄罗斯联邦的数据；中国在世界GDP中的比重目前已经超过日本，但美国经济研究所的数据尚未来得及反映这一点，因为中国经济在2010年末、2011年初超过日本。

第一项重要资产是美国的总体经济实力。美国仍然是全世界遥遥领先的最大的国家经济体。只有欧洲的整体经济规模略胜美国一筹。但即使如此，西欧模式也出现了结构性失业加剧和经济增长放缓的问题。决定未来趋势的一个更重要的因素是，尽管亚洲经济迅速增长，但美国几十年来在全球GDP中一直占据可观的比例（见表2.3）。美国2010年的GDP超过14万亿美元，占世界总量的25%左右。但作为与美国经济规模最接近的竞争对手的中国，它的GDP还不到6万亿美元，占世界总量的9%。据卡内基国际和平基金会预测，美国的GDP将从2010年时的比欧盟少1.48万亿美元的水平，增长到2050年比欧盟多12.03万亿美元的水平；人均GDP则将从2010年比欧盟多12723美元的水平，增长到2050年比欧盟多32266美元的水平。

根据目前的预测，中国的总体经济规模的确将在本世纪某个时间超过美国，这主要依赖其庞大的人口基础。卡内基基金会预计这个时间可能在2030年左右。出于类似的原因，印度在未来40年内也将进入全球GDP排行榜前列，虽然速度赶不上中国。但无论中国还是印度，人均GDP都远远达不到美国的水平（见表2.4）。因此，不论中国、印度还是欧洲，都无法在总体经济规模和人均GDP两方面的综合意义上，超越美国的经济优势。这种经济优势——假设美国能够同时利用其他几项资产——能够让美国保持其全球经济影响力和制度吸引力，以及对全球顶尖人才的吸纳效应。

决定美国经济成就的部分因素来自它的第二项资产：创业文化和优秀的高等教育机构为它带来的非凡的技术创新能力。美国被世界经济论坛评为排在瑞士、瑞典和新加坡之后的全球第四大

表2.4 GDP与人均GDP预测

GDP（按2005年市场汇率计算；非购买力平价法）	美国	欧盟	中国	日本	俄罗斯	印度
1）2010年GDP（万亿美元）	13.15	14.63	3.64	4.54	0.88	1.13
2）2025年GDP（万亿美元）	19.48	19.10	16.12	5.56	2.01	3.80
3）2030年GDP（万亿美元）	22.26	20.34	21.48	5.79	2.49	5.33
4）2050年GDP（万亿美元）	38.65	26.62	46.27	6.22	4.30	15.38
5）2010年人均GDP（美元）	42372	29649	2699	35815	6328	966
6）2025年人均GDP（美元）	54503	38320	11096	47163	15714	2722
7）2030年人均GDP（美元）	59592	40901	14696	50965	20039	3648
8）2050年人均GDP（美元）	88029	55763	32486	66361	39350	9287

资料来源：卡内基国际和平基金会《2050年的世界秩序》，2010年2月。

最具竞争力的经济体。在波士顿咨询集团对最具创新力的经济体排名中，美国仅次于韩国，在主要经济体中位居第二。

此外，对社会活力等其他一些“软性”因素的对比评价显示，美国在一些用于衡量制度优越性的重要定性指标方面的排名

表2.5 对美国与新兴大国的定性评估*

经济指标平均排名情况

企业家精神、经济竞争力和物流绩效指数世界平均排名

国别	世界平均排名
美国	第7名
中国	第31名
印度	第50名
巴西	第51名
俄罗斯	第71名

社会和政治指标平均排名情况

腐败、人类发展、教育和新闻自由指数世界平均排名

国别	世界平均排名
美国	第20名
中国	第75名
印度	第110名
巴西	第111名
俄罗斯	第112名

*这两个表说明了美国、中国、俄罗斯、印度和巴西在经济、社会和政治发展水平几方面国际指标的世界平均排名情况。虽然美国在经济和社会政治两方面的指标都远远领先于其他几个对其全球领导地位构成威胁的大国，但在世界范围内，美国的任何一项指标上都未能排在第一位。这两个表格说明，虽然全球实力的竞争越来越激烈，但还没有一个新兴大国表现出美国作为全球领导者所具备的软实力和硬实力。

仍然较高（见表2.5）。多少令人担忧的是，美国并没有排在首位；但在短期内更重要的是，全球领导者舞台的主要竞争者在大多数项目上的得分都低于美国。这一点印证了后文将提出的一个观点，即在近期内，没有一个国家有能力在国际舞台上同时施展其软实力和硬实力从而成功取代美国。

这方面的一个重要因素是，美国的高等教育处于世界领先水平；根据上海交通大学对全球优秀大学的排名，名列前十位的大学中有八所是美国大学，前二十名的大学中有十七所美国大学。这些优秀的大学不仅为美国提供了必要的知识和技术，帮助美国在开拓未来产品和产业的过程中维持经济，甚至是军事优势。在全世界的高级研究人员、工程师和企业家为了充分发挥自己的知识或经济潜力而纷纷移民美国的基础上，这些大学进一步增加了国家人力资本的积累。美国人应该看到，他们的高等教育优势对于国家的内部活力、国际声望和全球影响力是多么重要。

美国的第三个优势是相对强大的人口基础，特别是与欧洲、日本和俄罗斯相比。美国拥有3.18亿的庞大人口，这是全球实力的一个先天资源。此外，美国不像其他国家那样存在严重的人口老龄化甚至人口减少的问题。据联合国预测，到2050年，美国人口将达到4.03亿，其中65岁以上人口占21.6%。与此同时，欧盟的人口将从4.97亿减少到2050年的4.93亿，其中65岁以上人口将占28.7%。日本的情况更加可怕：该国人口将从2010年的1.27亿减少到2050年的1.01亿，65岁以上人口的比例将高达37.8%（见表2.6）。

出现这种有利差距的原因之一，是美国吸引和消化移民的能

表2.6　总人口与老龄化预测

总人口（百万）	美国	欧盟	中国	日本	俄罗斯	印度
1）2010年	317.64	497.53	1354.15	127.00	140.37	1166.08
2）2025年	358.74	506.22	1453.14	120.79	132.35	1431.27
3）2030年	369.98	505.62	1462.47	117.42	128.86	1484.60
4）2050年	403.93	493.86	1417.05	101.66	116.10	1613.80

资料来源：联合国预测，采用中等生育率假设，欧盟指欧盟27国。

老龄化——65岁以上人口	美国	欧盟	中国	日本	俄罗斯	印度
1）2010年占总人口比重	13.0%	17.5%	8.2%	22.6%	12.9%	4.9%
2）2025年占总人口比重	18.1%	22.0%	13.4%	29.7%	17.7%	7.3%
3）2030年占总人口比重	19.8%	23.8%	15.9%	30.8%	19.4%	8.4%
4）2050年占总人口比重	21.6%	28.7%	23.3%	37.8%	23.4%	13.7%
5）目前的出生时预期寿命（岁）	78.11	78.67	73.47	82.12	66.03	66.09

资料来源：（1-4）联合国预测，采用中等生育率假设，欧盟指欧盟27国；（5）美国中情局《世界概况》。

力，尽管这个问题近来引发了国内的不安。美国目前的净移民率为4.25‰，而德国为2.19‰、英国为2.15‰、法国为1.47‰、俄罗斯为0.28‰、中国为-0.34‰。这种吸引和消化外来移民的能力，既巩固了美国的人口基础，又有利于提升长期经济前景和国际吸引力。如果美国向反移民和排外倾向低头，那么，对美国的活力、繁荣和前途具有重要意义的灯塔效应将遭到削弱。

第四项资产是美国的民众响应能力。美国民主政治的形式决定了它的反应速度较慢，但当所面对的危险情况能够激发全民采取行动时，社会也能够被动员起来。战争期间就曾发生过这样的情况，“记住珍珠港”成为一句可以调动全民族积极性、让美国爆发战争能量的口号。登月竞赛一旦引起民众的关注，立即刺激了大量技术创新的产生。美国目前的困境迫切需要类似的努力，而它肩负的一些挑战，恰好可以让一些社会建设目标成为调动社会积极性的现成关注点。如果陈旧落后的基础设施遭遇袭击，那么这显然可以引起民众关注。为应对全球变暖而建设一个绿色的美国，也可以成为一个吸引民众注意力的目标。如果美国总统能够唤起民众的普遍支持，那么美国的物质财富和创业才能就可以被投入到紧迫的复兴事业中去。

第五，与一些大国不同，美国拥有安全、自然资源丰富、战略位置优越、国土面积广阔的得天独厚的地理基础，其民族凝聚力强，不存在民族分离主义问题。美国周边也不受具有领土野心的邻国的威胁。它的北方是一位友好邻邦，与美国拥有共同的生活方式，不过说实话，这个国家在社会公平方面做得比美国好。加拿大宽阔的地理纵深也提高了美国的安全性。美国地大物博，从农业资源到能源的储藏都十分丰富，这些资源当中的相当大一部分——特别是阿拉斯加地区——尚未加以开发。美国位于世界最重要的两大洋——大西洋与太平洋之间，这为美国提供了安全屏障，同时，美国的海岸线是它进行海上贸易和在必要时跨海作战的跳板。总而言之，没有一个大国能够同时拥有这么多永久的条件和有利的机会所形成的优势。

美国的第六大资产是它一直与一系列价值挂钩——人权、个人自由、政治民主、经济机会——这些价值受到其国民的普遍认可，让美国的国际地位多年来不断提升。美国长久以来受益于意识形态优势，在近来又凭借这种优势成为冷战的胜利者。然而，冷战结束后，这种吸引力有所下降，这主要是因为2003年出兵伊拉克以及随后的暴行遭到国际上的普遍反对。尽管如此，美国基本上还是被视为一个具有一定吸引力的民主国家。例如，根据皮尤研究中心2010年发布的全球态度调查，美国在2007年的受欢迎程度达到10年来的最低水平，在印度尼西亚等一些国家，对美国有好感的人只占29%，即使在德国等一些盟国中，对美国有好感的人也只有30%。然而，这些数字在2010年有所反弹，美国取得了59%的印尼人的好感，而德国人对美国有好感者的比例也上升到63%。

因此，利用国内的传统价值恢复美国积极的国际形象，既是可能的也是可取的。这些价值过去一直是，今后也应当是美国的一项资产，尤其是与中国和俄罗斯相比时，更加明显。这两个国家还没有资格宣称其政治意识形态具有普遍号召力（尽管苏联在与美国进行制度较量时曾徒劳地做过这样的尝试），这一点有利于美国保持其长期优势。虽然大多数国家不喜欢美国的单边外交政策行动，但很多国家也清醒地认识到，美国的迅速衰落和孤立主义般的撤退，无益于未来全球的经济发展和民主的稳定扩展。

以上六项基本资产为紧迫的历史性复兴提供了强大跳板。但在实现复兴的过程中，更艰难的是纠正那些显而易见的、可能造成严重后果的体制缺陷。每一种重大风险或缺陷都必然有办法补救，如何去补救早已成为国内的热门话题。美国前景所受到的威胁，并不是一些神秘的历史决定因素，而是一直缺少政治意愿和民族共识。

美国人现在普遍认识到，为了使国家在今后维持国内繁荣和建设性的国际地位，现在必须进行一些关键的改革，例如全面的金融改革和实现长期财政平衡。成功清除美国中等教育体制的弊端，也有助于改善美国的长期经济前景，这是因为中等教育质量上的改善，有助于纠正以上提到的几方面问题，特别是其中的收入差距、社会流动性低和公众知识匮乏的问题。平衡预算、金融改革和解决收入差距，都需要社会在激励、税收和监管方面采取一些牺牲一部分人利益的折中措施。为国家振兴而做出共同的社会牺牲，只有这样的观念才能把各阶层紧密团结在一起。

最后，美国若想成功实现自我进步，就必须彻底重塑社会文化的重心，即美国人如何定义自己的理想和“国家梦”的道德成分。物质利益的获取是否大大脱离了便利、舒适和自我满足这些对美好生活的终极定义？耐心而坚持不懈地进行国内改革，能否把美国变成一个建立在充满效率、活力和创新力的经济基础之上，在文化、学术和精神上更进步的智慧型社会？不幸的是，可能只有当公众痛苦地认识到，美国倘若继续沿着追求国内铺张生活的道路走下去，会导致在国际上破产进而陷入危机时，他们才会开始反思美好生活的真正定义。

接下来几年的发展将在一定程度上影响未来。如果政治对立和党派偏见继续影响公共政策，如果他们阻挠全社会共同承担民族复兴的成本，如果他们无视收入差距扩大的危险趋势，如果他们忽视美国的全球影响力名次可能受到威胁的事实，那么对美国衰落的悲观预测就可能会成为历史的结论。但这并非不可避免。考虑到美国目前的实力和它在面对挑战时有能力动员全国力量来应对，情况不一定会如此。在“大萧条”之后、二战期间以及冷战中的20世纪60年代，美国已经应对过类似情况，这一次美国也一样可以做得到。

4. 美国漫长的帝国主义战争

如果说2007年的失败给美国人上了重要的一课，让他们知道必须对美国的一些基本制度要素、国内价值和社会政策进行严肃反思，那么“9·11”这个日期也该促使美国人重新思考，美国是否很好地利用了冷战和平结束、美国获得地缘政治胜利这一重大机遇。

人们如今很容易忘记长达45年的冷战曾是多么地惊心动魄。热战在当时有可能一触即发，斩首行动可以在几分钟内消灭美国领导人，或者在几小时内把美国或苏联的大部分地区夷为平地。

冷战的稳定完全建立在一种脆弱的相互遏制之上，而这种遏制又完全取决于几个很可能犯错的人的理智。

1991年苏联解体后，美国称霸全球。它的政治价值和社会经济制度受到全世界肯定，并成为其他国家积极学习的榜样。它的国际地位无人可及。与欧洲的跨大西洋关系不再基于共同的恐惧，而是基于对泛大西洋共同体的共同信仰，在这个扩大的共同体中，欧洲将加速向真正的政治一体化迈进。在远东，美国最亲密的亚洲盟友——日本——逐渐赢得国际声望。对日本成为“超级大国”后可能接管美国资产的担忧渐渐平息。1978年中美恢复外交关系后，两国关系进一步改善，中国甚至在1980年与美国一同在阿富汗问题上反对苏联。美国对中国的态度也更加积极，甚至还沾沾自喜地认为，中国国内的落后将导致它在很长时期里都无法成为美国真正的竞争对手。

美国因此在大多数人的眼里成为全世界的经济引擎、政治模范、社会灯塔和不可挑战的超级大国。凭借这种实力，美国领导的多国部队几乎在第一时间把伊拉克赶出了刚刚被它占领的科威特，此战的成功离不开苏联的支持、中国的妥协和叙利亚的参与，当然还有传统盟友的合作。但美国在随后的几年里却没有抓住机会解开巴以冲突这道难题。自1967年战争后，中东问题实际上完全掌握在美国手中，这是由美国在该地区的主导地位决定的。然而，除了卡特总统成功推动以色列与埃及签署和平协议外，美国在大多数时间都在扮演一个消极角色，甚至在整个20世纪90年代称霸全球期间也依然如此。1995年，主张务实的以色列总理伊扎克·拉宾（Yitzhak Rabin）遭一名反对和平进程的以色列人刺杀，此后，美国直到克林顿8年总统任期的最后半年，才又开始尝试推动恢复巴以和谈，但它的消极努力还是无果而终。

很快就到了2001年9月11日，“基地”组织在整个20世纪90年代针对美国发动的越来越暴力的袭击，在这一天上演了最惨烈的一幕。美国对这次惨剧的反应主要有三个方面。首先，小布什总统宣布美国将出兵阿富汗，目的不仅是摧毁“基地”组织和推翻为其提供庇护的塔利班政权，还要在阿富汗建立一个现代的民主国家。随后，在2002年初，他支持以色列总理沙龙（也就是小布什所说的那个“热爱和平的人”）在约旦河西岸地区向巴勒斯坦民族解放组织宣战。第三，在2003年初春，他以十分牵强的理由入侵伊拉克，声称伊拉克与“基地”组织有联系，并且拥有“大规模杀伤性武器”。这些行动加深了中东人对美国的敌意，提升了伊朗的地区影响力，并且把美国拖进了两场无休无止的战争。

截至2010年，阿富汗战争和伊拉克战争都已跨入美国历史上持续时间最久的战争行列。第一场战争发动于纽约遭受恐怖袭击数周后，这次恐怖袭击是美国的敌人对美国社会发动的、造成最严重平民伤亡的一次袭击，它促使美国做出了旨在摧毁“基地”组织网络和推翻为犯罪者提供庇护的阿富汗塔利班政权的军事决定，这次行动得到了公众的支持。第二场旷日持久的战争是2003年初出兵伊拉克，这次行动在国际上只得到了政治上对美国言听计从的英国首相和以色列的支持，美国的大部分盟友都持反对或怀疑态度。美国总统公开为这次行动辩护，毫无依据地指控伊拉克拥有大规模杀伤性武器，但这些武器在几个月内集体蒸发，在美国占领后的伊拉克也从未发现任何相关证据。由于小布什总统对这场战争投入了全部的热情，阿富汗战争在近七年的时间里相对淡出了人们的视线。

涉及美国的重要战争的持续时间

*（截至2011年3月，以月为单位计算，带*号的为美国主动发起的战争）*

阿富汗战争*	112
越南战争	102
独立战争	100
伊拉克战争*	96
南北战争	48
第二次世界大战	45
朝鲜战争	37
美英战争（1812）	32
菲律宾起义	30
美墨战争	21
第一次世界大战	20
美西战争	3
第一次海湾战争（1991）	2

这两场战争有一个共同点：它们都是在敌方领土上进行的远征军事行动。小布什政府在两次战争中都无视复杂的文化环境，没有认识到深刻的民族仇恨会导致冲突中的冲突，忽视了危险而不安分的地区邻国（特别是涉及巴基斯坦和伊朗）的存在和尚未解决的领土争议，所有这些因素都令美国在阿富汗和伊拉克的行动变得极其复杂，并加重了地区反美情绪。尽管美国的干涉行动

不免让人想起19世纪对原始分裂部落的帝国主义远征，但在大众政治觉醒的新时期，向觉醒的平民主义开战将耗费更多的时间和精力，美国也已经痛苦地体会到这一点。最后但同样重要的一点是，在全球透明化的时代，想不择手段取胜已经行不通；尽管苏联入侵阿富汗，并让数百万人沦为难民，但它依然没有取得完全意义上的胜利。

然而，就像西方历史上的远征行动一样，阿富汗和伊拉克战争并没有对美国本土造成太大影响，当然除了美军士兵和他们的家人之外。尽管这两场战争加起来消耗了上千亿美元的军费，超过除二战之外美国历史上所有战争费用的总和，但由于美国经济的巨大发展，它们占GDP的比重并不高。不仅如此，小布什政府一直克制着没有通过加税补贴战争，而是通过在政治上对自己有利的借款的方式维持军费开支，其中包括从其他国家借款。从社会角度来说，由于上战场和牺牲都是自愿行为——这一点与之前的越战和朝鲜战争不同——这也有利于减轻社会层面的个人战争创伤。

回顾两场战争的过程，阿富汗战争数年来一直未像伊拉克战争那样受到关注。不仅如此，小布什政府还刻意渲染恐怖主义威胁，以此为由把推翻萨达姆的战争列为首要任务，却无视伊拉克向来反对“基地”组织的主张，无视“基地”组织也一直仇视萨达姆政权的事实。暗示二者与“伊斯兰圣战”这个醒目词组有联系并以“反恐”为美国的军事反应正名，这更有利于煽动美国人对“9·11”事件制造者甚至其他伊斯兰组织的愤怒情绪。时任美国国家安全顾问的康多莉扎·赖斯（Condoleezza Rice）说，美国上空将笼罩“蘑菇云”。此后，这种言论常常被方便地用来煽动公众去反对某个新出现的强大目标。这让公众的恐惧心理达到顶峰，也让那些敢于质疑白宫发动伊拉克战争真实动机的人处于被动状态。

利用人民的恐惧心理进行的煽动可以成为强大的工具，它或许可以在短期内奏效，但从长期来看将使美国付出国内和国外的双重代价。它的害处从那些臭名昭著的伊拉克虐囚案件（受害者还包括一些伊拉克高级军官）中可见一斑。在那种把敌人妖魔化的氛围下，这些人理所应当地成了体罚的对象。美国的大众传媒——包括好莱坞电影和电视剧——也加剧了这种情绪在公众中的蔓延，那些带有阿拉伯人相貌特征的演员扮演的全都是反面角色。这些煽动性宣传导致美国人对美国穆斯林，特别是阿拉伯后裔的歧视加重。这类歧视行动多种多样，既包括种族归纳[1]，也包括美国境内的大量阿拉伯慈善机构遭到指控，等等。“反恐战争”渐渐呈现种族性和宗教性，抹黑了美国的民主形象，而在“9·11”事件发生一年半后做出的对伊拉克开战的决定，变成了一次代价高昂的错误行动。

事情原本不应如此，也能够不如此。首先，伊拉克战争是不必要的和不该发生的。在小布什眼里，它的重要性很快就超

---

1 racial profiling，又译种族脸谱化，指执法机关在判断某一类特定犯罪或违法行为的嫌疑人身份时，将种族或族群特征列入考虑范围，进而可能导致在破案过程中更多地怀疑某一族群的作案嫌疑。20世纪末期，此种做法由于执法机关可能滥用职权而在美国引发了公众的争议。也有民权活动家提议反对警察在破案时进行种族归纳。

过了早先为了反击从阿富汗发动袭击的“基地”组织而发动的更合情合理的军事行动。这导致阿富汗冲突越拖越久、伤亡越来越重。由于巴基斯坦也越来越多地被卷入其中，战争最终在地缘政治意义上变得更加错综复杂。第二，在更早以前，美国就不应该在苏联撤兵后忽视阿富汗。这个国家当时四分五裂，亟须经济援助以重获稳定。但老布什和克林顿政府都对此视而不见。最终，塔利班在巴基斯坦的支持下于20世纪90年代填补了这个真空，当时的巴基斯坦企图通过此举赢得对印度的地缘战略优势。不久后，塔利班为“基地”组织提供容身之处，再之后的事情已经载入史册。“9·11”事件后，美国除了强硬回击之外已别无选择。

但即使在那个时候，美国也应当制定一个全面战略，把“基地”组织的宗教极端恐怖分子与主流穆斯林区别开来。这样的战略，正如本人当时在《华尔街日报》和《纽约时报》的专栏文章中所指出的，应当一边积极打破现有的恐怖活动网络（在这一点上，小布什政府应该受到表扬），一边像10多年前成功结成反萨达姆的政治联盟那样进行广泛和长期的政治努力，以削弱对恐怖主义的支持为目的，鼓励穆斯林世界的温和派与伊斯兰极端主义者划清界限。但实现这个战略目标可能需要美国对中东和平进程做出严肃承诺，而小布什和他的幕僚们对这一主张极其反感。

结果，与20世纪最后十年的情形相比，美国的全球影响力急剧下降，美国总统和国家逐渐丧失威信，美国的盟友对美国安全的自我认同感也严重减少。美国的绝大多数盟友认为2003

年发动的伊拉克战争，是美国对“9·11”事件的过度反应，这是一次自私而动机可疑的单边行动。在阿富汗，美国的盟友虽然加入了打击“基地”组织的联合行动，但它们的支持也从犹豫不决发展到步步退缩。参与阿富汗战争的北约盟友先于美国人意识到，小布什把打击“基地”组织与建设一个现代化、民主化的阿富汗混为一谈，这不论从表述上还是目的上，都自相矛盾。

事实上，如果没有外国势力的长期坚定介入，在外国胁迫下匆忙进行的、与数百年来形成的强大宗教传统相矛盾的现代化改革就不可能长久。而这种干涉很可能引爆新的抵抗，更何况阿富汗约有1400万普什图族人[1]（约占人口的40%），巴基斯坦也有约2800万普什图族人（约占人口的15%），这更有可能让旧的冲突变成新的冲突，导致战争从地域到人数都升级到难以控制的局面。

上述情况的警示，关系到美国不久的未来。除了在阿富汗，甚至伊拉克尚未完成的工作外，美国在人口众多、局势不稳的苏伊士以东和新疆以西的大片地区仍要面对三大可能继续恶化的地缘政治难题：伊斯兰极端主义在拥有核武器的巴基斯坦兴起；美国与伊朗可能发生直接冲突；无法促使巴以达成公平的和平协议，可能导致政治上觉醒的中东对美国的敌意普遍加深。

同时，除一些盟友口头支持和名义上的地区伙伴偶尔的支

1 Pashtuns，阿富汗东南部和巴基斯坦西部的主要穆斯林民族。

持姿态外，美国的基本战略依然无人喝彩。不仅美国的盟友正在悄悄从阿富汗撤退，阿富汗周边的三个地区大国也对美国持谨慎的消极态度，虽然它们自身也可能受到伊斯兰极端主义蔓延的威胁。它们表面上对美国的关切表现出同情和合作，例如，俄罗斯为美国的军事行动提供一些后勤援助；中国有保留地支持制裁伊朗；印度则多多少少地向阿富汗提供一些经济援助。但与此同时，这些国家的战略决策者们无疑十分清楚地看到，美国在本地区的纠缠不清把一些潜在的危险引向了美国的安全，削弱了美国的国际地位。以长远的战略眼光来衡量，这对依然敌视美国的俄罗斯、谨慎崛起的中国和患有地区焦虑症的印度都有利。不管是在本地区还是在全球范围内，它们的地缘政治影响力都将随着美国全球地位的逐渐下降而增强。

因此，美国公众和国会都必须充分领悟这样一个残酷的现实：除了国内的政治对立从内部加速美国衰退外，不对现实的国家利益加以精心考虑的外交政策，也将在未来20年里令美国陷入岌岌可危的地步。阿富汗的战火可能蔓延到巴基斯坦，美国与伊朗可能发生军事冲突，甚至巴以也可能再起纷争，从而把美国拖进无休止的地区冲突之中，占世界总人口四分之一的伊斯兰世界，届时将普遍对美国产生敌对情绪。美国将再无可能像20年前一样承担起一个独一无二的成功大国的角色。

如前文所述，美国仍然有能力实现真正的国家复兴，但这必须动员全民的意志。美国还必须克服近年来的外交政策所导致的自我孤立和影响力下降等因素。鉴于美国与其他所有潜在对手间的政治和军事力量对比悬殊，若能及时坚决推行国家改革并调整战略远景，那么美国仍然可以在很长的时期里保持全球领导地位。

但是，完全否认美国的前景远没有这么乐观，则是轻率的逃避主义的表现。关于美国将于何时以何种方式衰落，存在三种基本的情景。最极端的情况可能是爆发严重的金融危机，令美国和大多数国家陷入突如其来的毁灭性经济萧条。美国在2007年危机中千钧一发的殷鉴告诉我们，这种最可怕的情况并非完全没有可能。如果在这期间美国的海外军事行动升级并造成严重后果，那么这场灾难可能在短短几年时间里就会终结美国的全球霸主地位。多少令人安慰的是，出现上述情况的前提是发生全球性剧变，包括金融崩溃、世界范围内爆发失业潮、政治危机、弱小国家破产、全世界政治上觉醒和社会上受挫的民众不断暴动。

相对于发生这种具有历史剧变性质的衰落，美国修正其对内对外政策的可能性更大，这在一定程度上是因为2007年提供了一个尽管痛苦但却十分珍贵的警示。尽管如此，另外两种关于美国衰落的“中间的”情景，让未来看上去远没那么乐观。基本现实是这样的：美国正在同时受到因社会、经济和政治改革不力而造成的制度落后，和多年来错误地脱离后帝国主义时期的现实所造成的外交政策方向错误两方面威胁。同时，美国潜在的对手（特别是在亚洲某些地区）正在逐步成长为21世纪的现代化国家。不久之后，这两方面威胁的某种共同作用，将给美国的国内价值和海外利益造成致命打击。

因此，一种更有可能出现的“中间的”后果是，美国国内在一段时期内持续动荡，其间伴随着生活质量、国家基础设施、经济竞争力和社会福利的不断下降，当然美国在这个过程中也对外交政策进行一些亡羊补牢的调整，从而在一定程度上减少近年来不受欢迎的干涉主义倾向所造成的高成本与高风险。即使如此，国内的持续萧条将进一步削弱美国的全球影响力及其国际承诺的可信度，促使其他大国开始出于维护本国金融稳定和国家安全的目的，加紧谋求新的安排——虽然这有可能是徒劳的。

反过来，美国有可能在国内有所成就而在国外失败。因此，另一种“中间的”但同样悲观的结果可能是，虽然美国的国内情况有一定改善，但在国外却继续从事那些在国际上孤立无援的海外军事行动，甚至将这些行动扩大化（例如在巴基斯坦或伊朗），那么国内情况的好转将不能带来积极的国际影响。非但得不到他国的合作与支持反而会令美国四处树敌的外交政策种下的恶果，是无法由国内的成就来弥补的。如果资源被浪费在那些削弱国力的错误的海外行动上，就不可能取得全面意义上的国内成功。

不管出现上述两种情况中的哪一种，美国继续担任全球领导者的能力都会逐步地甚至终结性地衰落。不论国内不景气还是国外持续失败，都将逐渐消耗美国的活力，令美国社会渐渐意志消沉，降低它的社会吸引力和全球威信。如果这种局面持续下去，或许到2025年，在发生全球性动荡的背景下，美国实际上将失去它自封的“21世纪主宰者”的头衔。但届时争夺这个位置的又会是谁呢？

本章注释：

[1]詹姆斯·汤姆逊（James Thomson），《分裂之屋》（弗吉尼亚州阿灵顿，2010年），第17页

第三章

美国之后的世界：到 2025 年不是中国而是混沌

如果美国步履蹒跚，世界就不大可能由单一的卓越后继者主宰，比如中国。美国体系倘若突然发生大规模危机，就会产生迅速的连锁反应，导致全球性的政治和经济混乱。如果美国不断走向日益严重的衰落，与/或无休止地扩大与伊斯兰教的战争，就不大可能会有一个有效的全球接班者“加冕”，甚至在2025年之前都是如此。届时不会有一个单一大国准备扮演苏联1991年解体后全世界期望美国扮演的那种角色。更有可能出现的情况是，在一段漫长的时期，全球和地区力量纷纷进行缺乏决定意义、有时混乱无序的重新调整，没有取得辉煌胜利的大赢家，而输家却要多得多。国际形势捉摸不定，甚至可能给全球福祉带来致命的危险。下面分析了这个极为不祥的“如果”造成的影响。尽管这个“如果”肯定不是预先设定的。

1. 美国之后的斗争

由于缺少一个公认领袖所引致的不确定性，所以很有可能加剧竞争对手之间的紧张关系，激励自私自利的行为。因此，国际合作更有可能减少，而一些大国为维护自身利益将谋求促进排外的区域性安排，作为替代性的稳定框架。长久以来相互竞争的对手或许会更加公开地角逐地区优势地位，甚至不惜动用武力。在全球力量分布发生重大地缘政治变化的情况下，随着新的大国联盟的崛起，一些实力较弱的国家或许发现自身陷入严重危境。对民主的促进，或许让位于对加强国家安全的追求，而这种追求建立在独裁主义、民族主义和宗教“大杂烩”的基础之上。“全球公共品”可能因各方漠不关心和麻木不仁而受到损害，或者因各方狭隘地关注眼前的国家关切而造成掠夺性开发。

一些重要的国际机构，如世界银行或者国际货币基金组织，已经受到日益上升、较贫穷但人口众多的国家——中国和印度排在最前列——越来越大的压力。这些国家要求重新安排目前向西方倾斜的既有的投票权分配方式。二十国集团中的一些国家已经指责这一分配方式不公平。所提出的要求显而易见，即应该在更大程度上根据成员国的实际人口，而不是根据实际财政贡献来进行分配。这样一种要求，是在世界上新近政治上觉醒的民族之间的混乱和动荡加剧的背景下提出的，可能会受到许多国家的欢迎，作为迈向国际民主化（尽管它们内部并没有实现民主化）的第一步。不久以后，迄今历时70年、从未受触动的联合国安理会的五个常任理事国（它们独享否决权）制度，可能被广泛视为不合乎法律。

即使美国的衰落趋势是以模棱两可、自相矛盾的方式显现，日本、印度、俄罗斯等排在世界第二层级权力序列的国家和一些欧盟成员国的领导人，也很有可能已经在评估美国衰落对其各自国家利益可能产生的影响。事实上，后美国争斗的可能性，或许已在悄悄地塑造主要强国的高官们的规划议程，即使他们尚未制定实际政策。日本人由于害怕咄咄逼人的中国称霸亚洲大陆，可能已在考虑加强与欧洲的联系。印度和日本的领导人很可能正在考虑，一旦美国衰落，中国崛起，印日双方就会加强政治上，甚至是军事上的合作。俄罗斯对美国捉摸不定的前景可能有自己的如意算盘，甚至幸灾乐祸，它几乎肯定会把目光投向从苏联独立出去的国家，把它们作为自己提升地缘政治影响力的第一步的目标。欧洲尚无凝聚力，它很有可能受到几个方向的拉力：德国和意大利会由于商业利益投靠俄罗斯，法国和无保障的中欧会赞成在政治上加强欧盟国家之间的关系，英国会倾向于操纵欧盟内部的力量平衡，同时与衰落的美国保持其特殊关系。其他国家可能会更快地采取行动，开辟自己在本地区的势力范围：土耳其将在旧奥斯曼帝国地区，巴西将在南半球，诸如此类。

然而，上述这些国家都不具备或者不大可能具备必要的经济、金融、技术和军事等综合力量，使得它们甚至连继承美国角色的考虑都没有。日本依赖美国的军事保护，将不得不做出痛苦的抉择：是迎合中国，还是与印度结盟联手对抗中国。俄罗斯仍不能忍受其帝国崩塌的现实，对中国大步流星般的现代化忧心忡忡，不确定自己的未来是属于欧洲还是属于欧亚。印度对大国地位的追求，将通过与中国的竞争得以显现。欧洲有待于在政治上找到自己的定位，与此同时它仍然怡然自得地依赖着美国的力量。如果美国的力量衰落，那么让所有这些国家携手付出努力，为了集体的稳定而甘愿做出牺牲是不大可能的。

所有国家——像个人一样——都被继承而来的倾向（它们的传统地缘政治倾向和历史感）驱使。国家间的能力差别就在于能否区分耐心的雄心与轻率的自欺欺人的能力。为思考21世纪上半叶全球力量等级发生变化可能造成的后果，不妨提醒自己想想20世纪两个焦躁不安的自欺欺人行为的极端例子所导致的国家灾难，这是很有益处的。最明显的例子莫过于希特勒的狂妄自大。这种狂妄不仅使他大大高估了德国的全球领导能力，而且还促使他做出了两个令其再无重新控制欧洲大陆的机会的个人战略决定。第一个决定是，在已经占领了欧洲大陆但仍在与英国交战时攻打苏联；第二个决定是，在与苏联和英国打个你死我活的时候，对美国宣战。

第二个事例虽然不太剧烈，但是也关乎全球力量。20世纪60年代初，苏联领导人正式宣布，这个国家预计会于80年代在经济实力和技术能力方面超越美国（它的“斯普特尼克”[1]成就令其雄心勃勃的声明备受瞩目）。由于极度高估自己的经济实力，到了20世纪70年代末，苏联与美国展开积极的军备竞赛。在这种竞赛中，苏联的技术创新能力是获得成功的关键所在，但是其国民生产总值（GNP）限制了它实际能够支撑的全球政治及军事延伸的范围。在这两个方面，苏联灾难性地把摊子铺得过大。1979年，苏联又由于失算而做出入侵阿富汗这一灾难性的决定。后果更是雪上加霜。10年后，精疲力竭的苏联不复存在，苏联集团分崩离析。

而今，没有哪个国家相当于纳粹德国或者苏联。在当前的全球主要大国的序列中，没有哪一个展示出20世纪妄图获得全球性力量的臭名昭著的国家那种自欺欺人的做法。迄今没有哪个国家在政治上、经济上或者军事上准备摆出全球领袖的架式；也没有任何国家被赋予一种不久之前仍与美国密切联系在一起的，虽然模糊但却重要的合法性。没有哪个国家声称（在希特勒的情况下，可以说是“歇斯底里”地声称）代表着一种以历史决定论作

1 “斯普特尼克”号（Sputnik）是苏联发射的世界上第一颗人造卫星。

为明证的所谓的放之四海而皆准的主义。

最重要的是，中国不约而同地被说成最有希望的美国未来的后继者，它有令人敬畏的帝国历史以及慎重而耐心的战略传统，这两点对它极其成功的几千年悠久历史至关重要。因此，中国慎重地接受现有的国际体系，尽管它并不认为流行的等级体系恒久不变。它认识到，自己的成功并不依赖于该体系的戏剧性崩溃，而依赖于该体系的力量的循序渐进的重新分布。中国谋求增大影响力，渴望国际上的尊重，并且仍然对自己的“百年耻辱”怀恨在心，但它对未来越来越感到自信。与那些20世纪渴望全球权力但失败的国家不同，中国此时此刻的国际态势既非革命性，又非救世主，亦非摩尼教特征。

此外，基本的现实是，中国尚未做好在世界上扮演美国的全部角色的准备，再过几十年也不会。就连中国的领导人都屡次强调，按照有关发展、财富和力量的每一个重要尺度衡量，中国今后几十年仍将是处于现代化进程中的发展中国家，在现代化水平和综合国力等重要人均指标方面，不仅远远落后于美国，也落后于欧洲和日本（见表3.1）。

中国因此似乎理解美国全球卓越地位的迅速衰落将带来全球危机，从而最终破坏中国自己的福祉，损害其长期前景。中国在美国福祉上下注投资的事实，比任何言辞都更清楚地表明，中国认同这个看法。这是因为中国的行动建立在自身利益的基础之上。慎重且耐心是中国帝国DNA的一部分。但是中国也雄心勃勃、骄傲自豪，清醒地意识到其独特历史只是其命运的序幕。难怪一位精明的中国公众人物不久前对一位到访的美国人真诚地

表3.1　人口－年龄－GDP对比

总人口规模（百万）	美国	欧盟	中国	日本
1)2010年人口	317.64	497.53	1354.15	127.00
2)2025年人口	358.74	506.22	1453.14	120.79
3)2030年人口	369.98	505.62	1462.47	117.42
4)2050年人口	403.93	493.86	1417.05	101.66

资料来源：联合国预测，采用中等生育率假设，欧盟指欧盟27国。

老龄化——65岁以上人口	美国	欧盟	中国	日本
1)2010年在总人口中的百分比	13.0%	17.5%	8.2%	22.6%
2)2025年在总人口中的百分比	18.1%	22.0%	13.4%	29.7%
3)2030年在总人口中的百分比	19.8%	23.8%	15.9%	30.8%
4)2050年在总人口中的百分比	21.6%	28.7%	23.3%	37.8%
5)当前的预期寿命（岁数）	78.11	78.67	73.47	82.12

资料来源：5)美国中情局《世界概况》；1-4) 联合国预测，采用中等生育率假设，欧盟指欧盟27国。

GDP（2005年；非购买力平价法）	美国	欧盟	中国	日本
1)2010年GDP（万亿美元）	13.15	24.63	3.64	4.54
2)2025年GDP（万亿美元）	19.48	19.10	16.12	5.56
3)2030年GDP（万亿美元）	22.26	20.34	21.48	5.79
4)2050年GDP（万亿美元）	38.65	26.62	46.27	6.22
5)2010年人均GDP（美元）	42372	29649	2699	35815
6)2025年人均GDP（美元）	54503	38320	11096	47163
7)2030年人均GDP（美元）	59592	40901	14696	50965
8)2050年人均GDP（美元）	88029	55763	32486	66361

资料来源：卡内基国际和平基金会《2050年的世界秩序》，2010年2月。

说："然而，请不要让美国太快地衰落……"他显然断定，美国的衰落和中国的崛起都不可避免。

因此，中国领导人一直比较谨慎，在对外公开宣称寻求世界领导地位方面保持克制。总的来说，他们仍然遵循邓小平的著名格言："冷静观察，稳住阵脚，沉着应对，善于守拙，决不当头，韬光养晦，有所作为。"这种谨慎的姿态还恰恰与中国古代孙武的战略指导不谋而合。孙武令人信服地主张："昔之善战者，先为不可胜，以待敌之可胜。"中国对于美国国内问题和对外政策所持的官方态度，显然令人想起这一战略指导。北京的历史信心，与其精于算计的审慎和长远野心密切相关。

还有必要指出的一点是，中国虽然国内成就非凡，但是迄今并没有谋求推广其经验。它不再像毛泽东执政时期那样，提出野心勃勃的概念，即中国迈向现代化的经验，对全人类而言都具有独一无二的历史有效性；它也没有提出其社会形态具有所谓的更高道德标准的教条主义说法。相反，它的全球名片强调了一个非常单调乏味但却实用并广受羡慕的主题：中国引人瞩目的GDP年度增长率。这个吸引人的信息赋予中国重大竞争优势，特别是在拉美和欠发达的非洲，更是如此。因为中国谋求扩大投资，但又不会竭力主张政治改革（例如，中非贸易额从2000年的100亿美元增长到2008年的1070亿美元，增幅高达1000%）。

除了要把中国的观点和传统做法考虑在内之外，还必须要留意这样一个事实：中国自己的内部政治和社会发展有着挥之不去的潜在不确定性。政治上，这个国家从以前的激进形式（特别是大跃进和文化大革命），演变成越来越具有民族主义色彩的威权主义。到目前为止，这一新形式一直展现着举世瞩目的经济成就。但是，它的社会基础可能证明是不堪一击的。如前所述，中国的经济增长和社会福祉的提升已经造成严重的社会不平等，而这一点再也不能掩公众耳目。全国各大城市的新中产阶层不仅积累了财富，而且还可以前所未有地接触到全球信息。这种接触的确刺激了新的政治和社会期望。它还使得人们不满于目前政治权利所受到的限制，也使得一些人甚至愿意冒险被视为积极的持不同政见者。

随着中产阶层开始渴望更自由的政治对话，能够更加开放地提出社会批评，能够更加直接地进入国家决策圈，这样的持不同政见者尤其具有潜在的庞大响应群体。对经济的不满情绪也开始在人数多得多的工人，甚至是人数更多的农民之中浮现。数以百万计的中国工人刚刚开始意识到，与腰包越来越鼓的新中产阶层相比，他们的报酬有多低。人数更多的真正一贫如洗的农民阶层（其中一些人是半失业的数亿劳动力大军的一部分，从一座城市到另一座城市自由流动，寻找服务性工作）刚刚开始形成自己的抱负，希望在中国的国家财富中分得更大一杯羹。

因此，中国很有可能加大对国内稳定的关注。如果一场严重的国内政治或者社会危机再次上演，可能会对中国的国际地位造成严重损害，令过去30年来无可否认的成就付之东流。这一考量很有可能让中国领导人仍然倾向于慎重考虑中国在全球序列中迅速上升的时间表。然而，他们还必须把中国精英阶层中日益高涨的民族自豪感考虑在内，尤其是直面美国的时候。事实上，到了21世纪头十年结束之际，半官方的中国评论员开始更公开地质疑全球现状的总体历史合法性。中国的一些国际时事评论员甚至开始推测中国模式普适性这一教条主义说法会以什么样的方式开始。正如有位评论员所指出的那样：

> 今天国际机制的失灵是以“美国方式”为主的西方方式的失灵，更深层的是西方文化的失灵。在积极参与全球治理、扮演好发展中大国角色的同时，中国应主动向世界传递中国的“和谐”理念。在世界历史上，一个大国的兴起往往伴随着一种新的世界理论的诞生。“和谐”理论是中国和平崛起的一种理论表述方式，应该把公平、共赢、共同发展这些理念传递给世界。[1]

在公开批评美国的全球领导地位方面，中国评论员时常变得更加直言不讳。因此，另一位中国外交事务评论员断言：

> 美国的“单极”野心虽然因金融危机而严重受挫，但它并未认同多极化，而是极力延续其世界霸权，力图不择手段地维护其“首要”地位。随着中国不断加速崛起与大国地位相应提升，中美在国力“排行榜”中的先后次序将或迟或早地发生变化，彼此“排位”之争恐难避免……国际金融危机暴露了“美国模式”的弊端，美国对此加大了在国际上“围堵”与贬损“中国模式”的图谋，中美政治体制与价值观分歧可能进一步“放大”。[2]

特别是自从2007年的金融危机以来，中国对美国制度和美国在全球态势的批评变得越来越频繁和直截了当。中国指责美国加速了2007年金融危机的到来，并且未能认识到中国在推动国际上集体应对这场危机方面所发挥的重要作用。中国的媒体也越来越严厉地批评美国对中国的利益感觉迟钝，并且在2010年插手中国与其亚洲邻国之间围绕南海问题的争端。一些评论员甚至指责美国试图包围中国。

这样的反应不仅反映出中国方面越来越膨胀的历史自信心（这种自信心可能很容易就变成过度自信），还反映出中国越来越咄咄逼人的民族主义。中国的民族主义是个强大且潜在的爆炸性力量。虽然深深植根于历史自豪感，但它也受到对不太久远的耻辱的怨恨的驱使。它可能受到当权者的引导和利用。事实上，在国内发生社会动荡的情况下，民族主义的吸引力可以成为用来维持政治现状的社会凝聚力的权宜之计的源泉。

不过，到了某个阶段，更加咄咄逼人的中国民族主义可能抬头，所付出的代价是中国的国际利益受损。中国若是采取民族主义，妄自尊大，炫耀其崛起的实力，就会无意之中促成一个强大的区域联盟与之抗衡。事实上，如果美国在全球图腾柱上的位置空出来，中国的重要邻国——印度、日本及俄罗斯——都不会准备承认中国继承该位置的权利。中国的邻国或许最终别无选择，但它们几乎肯定会首先采取行动反对中国的这类上升。它们甚至可能会倾向于从式微的美国那里寻求支持，以抵消过分张狂的中国势力。由此引发的地区争夺将非常激烈，尤其是考虑到中国邻国也存在类似的民族主义倾向，更是如此。

即使日本、印度和俄罗斯组成的仅仅是一个非正式的反华联盟，也会对中国产生严重的地缘政治影响。与美国有利的地理位置不一样，中国可能在战略包围面前十分脆弱。日本挡住中国进入太平洋的去路，俄罗斯把中国跟欧洲分隔开来，印度俯瞰着与其同名的大洋，横亘于中国通向中东的主要通道上。迄今，中国领导人自我描述的“和平崛起的中国”一直在亚洲交朋友，甚至是找到从属国，但是过分自信的、民族主义的中国可能发现自己越来越受到孤立。

亚洲随后可能会出现一个国际关系非常紧张的阶段。这种紧张关系可能会以危险的方式表现出来，特别是中印之间的对立越来越尖锐的情况下，在南亚如此，在整个亚洲也是如此。印度战略家公开谈到，大印度在从伊朗到泰国的地区占据主宰地位。印度还自我定位于在军事上控制印度洋；其海上和空中力量计划显然朝着那个方向发展——如同印度按照政治意图指引，在毗邻的孟加拉国和缅甸建立具有地缘政治影响的强势地位而付出努力一样。印度参与这两个国家的港口设施建设增强了印度最终寻求控制印度洋海上通道的能力。

中国与巴基斯坦的战略关系，以及中国为赶上印度在缅甸和孟加拉国的存在而付出的努力，不仅反映出中国一个更大的战略设计，还反映出中国的一个可以理解的意图：避开一个反复无常的强大邻国，保护其通过印度洋到达中东的海上通途。中国人一直探索在巴基斯坦西南部邻近伊朗、伸进印度洋的瓜德尔港（Gwadar）建造一个大型设施，并用公路或者管道与中国连接起来的可能性。在缅甸，印度一直在改建实兑港（Sittwe），以获得一个捷径到达它在地缘政治上难以接近的东北部，而中国人一直在皎漂港（Kyauk Phru）投资，可能从那里铺设一条通往中国地图3.1　对中国大陆的“包围”

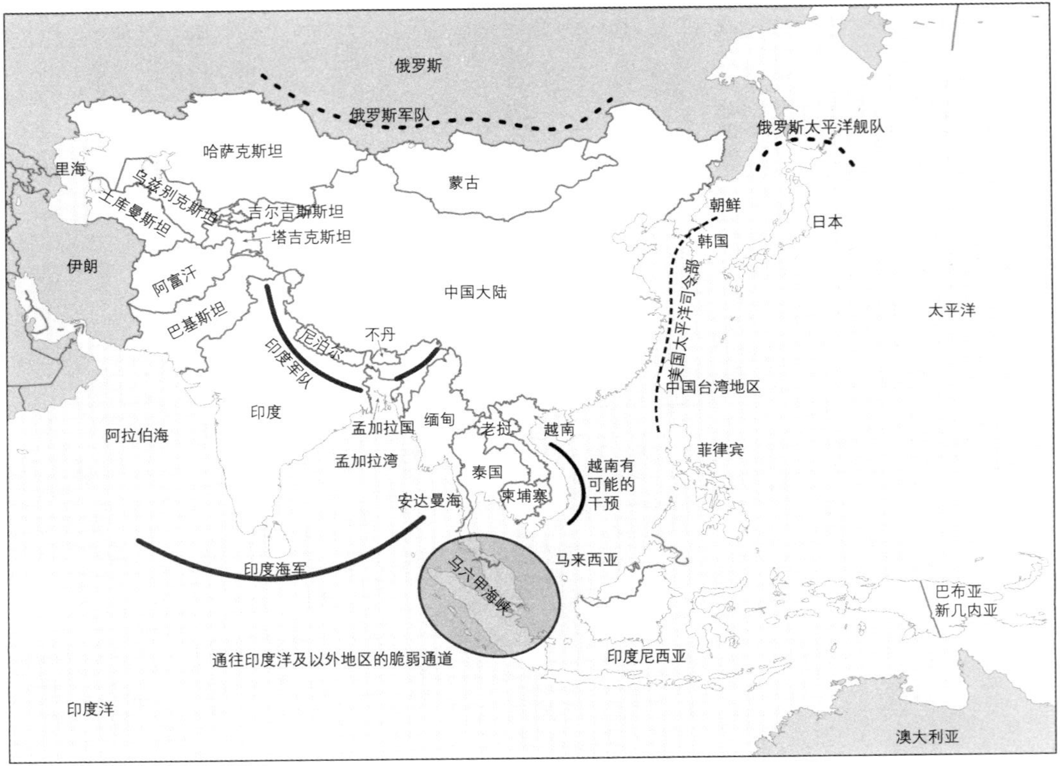

的管道，从而减轻中国对经由马六甲海峡的长得多的通道的依赖。中国在这些重大地缘政治努力方面，对缅甸的政治和军事影响一直占据较大的分量。

此外，中国在巴基斯坦有着切身的利益，这对印度的战略利益和越来越大的野心仍然有着重大的军事影响。因此，中国渴望在巴基斯坦建造一个海军设施，其目的不仅是为了建立中国在印度洋的存在，而且还表明中国十分重视巴基斯坦的生存能力和中巴关系保持健康。虽然自1962年的短暂冲突以来，中国与印度一直在小心翼翼地避免发生军事冲突，但中国与巴基斯坦交好，巴基斯坦的内部脆弱性，印度与中国在印度洋上的海军竞争，印中两国日益上升的全球地位，这一切都可能引发危险的军备竞赛，或者更糟糕的是引发真正的冲突。幸运的是，迄今两国领导人都表明，他们认识到，小规模的战争不会解决任何问题，而这两个核大国发动的大规模战争则会摧毁一切。

然而，即使是一些边界事件都可能激起中国人和/或者印度人的民族主义情绪，这在政治上是难以控制的。在这方面，印度可能会表现得更加突出，因为它的政治制度没那么集权，印度公众对中巴合作的恐惧是可以理解的，比起中国群众的反印情绪，印度大众更容易掀起反华情绪。此外，印度媒体越来越明确地宣扬中国对印度安全构成的潜在地缘政治威胁，这反映出印度对中国更令人瞩目的现代化、更有效率的经济、更高的全球地位的不满。因此，印度面向其说英语的精英阶层的第二大英语日报，以这样的方式对其读者阐释前面提到的印中在南亚的相互对立：

> 中国精心策划的备战动机剑指何方？……中国在巴基斯坦极为敏感的地方建设瓜德尔港，迈步控制海上通道并且监视印度……在巴基斯坦的隐蔽和公开的支持下，中国成功地在海陆方面抵消印度的影响……此外，中国还在缅甸建造港口、石油管道和公路，此举的意图非同小可。还有，斯里兰卡的汉班托特港（Hambentota）也是在中国帮助下建造的，而它实际上是印度陆地分离出来的一部分。这是中国在实施其精心策划的“珍珠链战略”，目的是在印度洋对印度形成包围圈。[3]

事实上，如果中国在世界舞台上的重新崛起不利于亚洲在全球事务中的崛起，这将是历史的讽刺。但是，中国崛起令人印象深刻的方面一直是其清晰可见的成就，其精心安排的国际行为在某种程度上让外界有所放心。中国高层政治领导人似乎认识到，全球跌入后美国时代的争夺后，中国的长期雄心还可能成为牺牲品。

在任何情况下，不论中国高层领导人如何谋划，不管是否出现上升的民族主义不耐烦的某些症状，中国上升到全球卓越地位遇到的障碍，看上去可能的确比美国当初崛起时遇到的障碍多得多。如果中国明显急躁地追逐这一目标，那么它遭遇的积极反对会比美国在上升期间遭遇的反对更大。中国没有美国在20世纪初起飞阶段享有的地理和历史环境政治优势。与美国在20世纪最后十年崛起为唯一的全球超级大国不一样的是，中国目前崛起所发生的背景不仅包括与其他区域大国的较劲，而且它的崛起还高度依赖现有国际经济体系的持续稳定。然而，后美国时代全球合作的必要性大于以往任何时候，如果相互的争夺却使得各国倾向于在短期内强力争夺国家利益，那么国际经济体系可能就岌岌可危了。

2. 地缘政治上最濒危的国家和地区

在当今世界，与主要区域性强国毗邻的若干较弱小国家和地区的安全，有赖于美国的全球优势地位所支撑的国际格局（即使美国对其中一些国家没有做出具体的承诺）。处于这种危险境地的国家和地区在如今的地缘政治上，相当于自然界的“最濒危物种”。其中的一些国家和地区在它们强大的邻国看来，就是美国对其现有或者声称的地区势力范围进行可憎的侵略的象征。因此，随着美国全球地位下降，区域性强国对这些较弱小国家和地区颐指气使的诱惑将会相应增大。

虽然现有的主要区域性大国可能不满美国的角色，但避免造成国际体系本身崩溃的连锁反应符合它们的利益。在2008年与格鲁吉亚因奥塞梯（Ossertia）和阿布哈兹（Abkhazia）发生短暂冲突时，俄罗斯正是忌惮于这种连锁反应的可能性，才没有摧毁格鲁吉亚。俄罗斯意识到其军事行动持续下去可能会破坏东西方的总体关系，或许导致与美国发生某种形式的对抗。考虑到自身的相对弱点与常规部队的欠佳表现，俄罗斯决定中止可能会得不偿失的胜利，在领土问题上小有斩获后便结束了冲突。不过，倘若美国由于内部和/或者外部原因而严重衰落，这种内在的克制几乎会自动减弱。量变累积的结果是，全球将在广大范围内呈现以弱肉强食为特点的现实局面。

下面列出部分较脆弱国家和地区的名单，并附有简单评论（其顺序既无关脆弱程度，也无关地缘政治方面的可能性）。

格鲁吉亚

美国的衰落将使格鲁吉亚完全陷入一种容易受到俄罗斯的政治恐吓和军事侵略的脆弱境地。目前，美国支持格鲁吉亚主权，赞同该国寻求加入北约。1991年以来，美国已经向格鲁吉亚提供了30亿美元的援助，其中10亿美元是在2008年俄格战争以后提供的。上述做法强调了美国官方的说法："美国不承认势力范围。"[4]

美国的衰落显然将会影响到这种总体承诺的可信度。美国的能力——尤其是对北约施加影响，使之保持坚定立场的能力——因此受到局限。不论美俄关系处于何种局面，只要美国在欧洲的存在减弱，这种局限本身就可能会刺激俄罗斯重新夺回其旧有势力范围的欲望。另外一个刺激克里姆林宫的因素将是，普京对格鲁吉亚总统米哈伊尔·萨卡什维利（Mikhail Saakashvili）抱有的个人仇恨越来越强烈。把萨卡什维利赶下台成了这位俄罗斯领导人一直挥之不去的想法。

进一步刺激俄罗斯的一个事实可能是，美国支持建立经由格鲁吉亚向欧洲供应能源的南部走廊，尤其是现有的巴库–第比利斯–杰伊汉（Baku–Tbillisi–Ceyhan）石油管道和巴库–第比利斯–埃尔祖鲁姆（Baku–Tbilisi–Erzurum）天然气管道，后一条管道最终将通过土耳其抵达欧洲。如果美国与格鲁吉亚的关系被切断，俄罗斯将通过重新获得对通往欧洲的能源路线近乎垄断的地位，收获庞大的地缘政治及经济利益。

格鲁吉亚对俄罗斯的从属地位，将有可能对阿塞拜疆产生多米诺骨牌效应。阿塞拜疆是南部走廊的关键供应方，对欧洲能源多样化至关重要。正是这种多样化格局间接限制了俄罗斯在欧洲事务中的政治影响力。因此，如果美国衰落，尤其是如果俄罗斯因为控制格鲁吉亚的努力奏效而更加大胆的话，俄方最有可能动用其更大的行动自由来恫吓阿塞拜疆。在这种情况下，阿塞拜疆不会愿意去对抗重振雄风的俄罗斯。欧洲可能会面临更大的压力，被迫去适应俄罗斯的政治议程。

中国台湾

自1972年以来，美国已正式接受中华人民共和国提出的“一个中国”这一基本条件，该条件在1972年、1979年和1982年三次中美联合公报中均已列出。同时，美国坚持台湾海峡两岸任何一方都不得以武力改变现状。和平“现状”一直是美国台海政策的根基，因为同时与实力日增的中国大陆和越来越民主、经济日益以自由市场为导向的台湾保持关系，既有利于美国在太平洋地区的存在，也有利于美国在远东的商业利益。

美国持续向台湾出售武器所援引的理由是，这是1979年美中邦交关系正常化时认可的维持现状的政策的一部分，并且在台湾问题和平解决之前，加强台湾的防御能力对保护台湾自治十分必要。中国大陆反对这一立场，以主权为由保留了动用武力的权利。然而，与此同时，中国大陆越来越多地致力于寻求两岸和解。近年来，台湾和中国大陆一直在改善关系，双方于2010年夏季以相对平等的条款签署了《海峡两岸经济合作框架协议》（ECFA）。

美国的衰落显然会增大台湾的脆弱性。台北的决策者既不能无视中国大陆的直接压力，又会受到经济上成功的中国大陆的绝对吸引。这种情况至少可能加快海峡两岸统一的时间表，但是会以有利于中国大陆的不平等条款实现统一。如果美国的衰落同时对美日间的战略联系产生不利影响，中国大陆可能会加紧对台湾施压，以诉诸武力威胁台湾，从而实现美国早在1972年接受的“一个中国”的政治现状。这个方面的威胁如果在政治上取得成功，就可能会引发日韩两国对美国现有承诺的可靠性的信心危机。

韩国

美国与韩国1953年签署了共同防御条约。1950年朝鲜战争爆发。自那时以来，美国一直是韩国安全的保证者。此外，韩国引人瞩目的经济腾飞和民主政治制度一直是美国介入韩国的成功例证。但多年来，朝韩关系多次出现摩擦。每一次，韩国都指望美国伸出援手，这凸显了韩国的国土安全在多大程度上继续依赖美国。

朝鲜也已改变其军事战略，强调基于其研制的短程弹道导弹、远程火炮和核武器对韩国发动不对称战争的可能性。韩国有抵御朝鲜常规进攻的手段，但是要遏制和防范朝鲜的全面进攻，就在很大程度上依赖与美国的同盟关系。

美国的衰落将使韩国面临痛苦的抉择：要么接受中国的区域性优势，进一步依靠中国扮演东亚安全保证者的角色，要么出于共同的民主价值观以及对朝鲜或者中国的担心，寻求同日本建立更加牢固，但是历来不得民心的关系。然而，如果没有美国的强大后盾，日本是否愿意勇敢面对中国，非常值得怀疑。因此，如果美国在东亚的安全承诺变得不那么可靠，韩国本身可能会面临军事或政治威胁。

白俄罗斯

苏联解体20年后，白俄罗斯仍在政治和经济上依赖俄罗斯。白俄罗斯的出口商品中有三分之一销往俄罗斯，而它的能源需求几乎全部依赖俄罗斯。此外，白俄罗斯960万人口中绝大多数说俄语。白俄罗斯是1991年才作为民族国家宣告独立的，其民众的国家认同感有多深厚尚未得到检验。这些都是莫斯科在白俄罗斯的影响力得以维持的因素。例如，在2009年，俄军在白俄罗斯举行了代号为“扎帕德”（Zapad）（即西方）的大规模军演（白俄罗斯也参与其中）。在演习中，俄军击退了假想的西方进攻，以模拟俄罗斯对一个毗邻的西方（即北约）国家的首都发动核攻击达到高潮。

尽管如此，白俄罗斯对俄罗斯的依赖关系并非没有冲突。虽然普京公开施压，但白俄罗斯尚未承认南奥塞梯和阿布哈兹为独立国家（2008年的俄格冲突之后俄罗斯建立的“国家”）。与此同时，正如卢卡申科总统17年的统治所展示出的那样，白俄罗斯的民主没有进展，从而妨碍了与西方建立实质性关系。波兰、瑞典和立陶宛一直在想方设法在白俄罗斯与欧盟间建立某些民间联系，但进展非常有限。

因此，美国的明显衰落会给俄罗斯提供一个重新吸收白俄罗斯的几乎零风险的机会：至多动用最低限度的武力，所损失的仅仅是其作为负责任的地区大国的声望，除此之外几乎没有别的代价。与格鲁吉亚不一样的是，白俄罗斯既没有西方的武器，也没有得到西方的政治同情。如果没有美国的支持，欧盟不大可能会做出反应，而一些西欧国家将很有可能对白俄罗斯的请求无动于衷。在这种情况下，联合国将在很大程度上是被动的。充分意识到胆大妄为的俄罗斯带来的危险的中欧国家，或许要求北约共同做出反应，但是随着美国的衰落，它们不太可能联手做出强有力的集体反应。

乌克兰

如果俄罗斯不费太大成本、轻而易举地吸收乌克兰，就会危及乌克兰作为真正主权国家的未来。乌克兰自1991年获得独立以来，与俄罗斯的关系一直容易紧张，就像它与西方的关系容易摇摆不定一样。俄罗斯曾多次利用能源作为政治工具，试图胁迫乌克兰采取对俄罗斯有利的政策。在2005年、2007年和2009年，由于价格问题和乌克兰未偿付能源债务，俄罗斯要么威胁停止，要么确实停止了向乌克兰提供石油和天然气。2010年夏季，乌克兰总统亚努科维奇（Yanukovych）受到压力，被迫将俄罗斯对乌克兰黑海港口塞瓦斯托波尔（Sevastopol）的海军基地的租赁期再延长25年，以换取俄罗斯以优惠价格向乌提供能源。

乌克兰是个重要的欧洲国家，拥有4500万人口，工业强劲，农业极具生产潜力。与俄结盟既能令后者富足起来，也表明俄罗斯朝恢复其帝国势力范围（俄罗斯的一些领导人对此抱有强烈的怀旧情结）迈出一大步。因此，克里姆林宫很有可能继续迫使乌克兰加入与俄罗斯的“共同经济区”，通过俄罗斯公司的并购逐渐剥夺乌克兰对自己主要工业资产的直接控制。与此同时，俄罗斯继续悄悄付出努力，渗透到乌克兰的安全机构和军事指挥部门，以削弱乌克兰在必要时保护其主权的能力。

最终，假定美国衰落的话，欧洲对俄罗斯吸收白俄罗斯做出被动反应，更别提俄罗斯早些时候成功地动用武力恫吓格鲁吉亚了，这些都会诱使俄罗斯领导人在某些时候尝试更公开的重新统一行动。但这将是非常复杂的任务，或许需要动用武力，最起码在乌克兰内部人为制造经济危机，使得与经济上更具韧性的俄罗斯正式结盟更对乌克兰人的胃口。俄罗斯仍会继续冒险挑起姗姗来迟的民族主义反应，尤其是在这个国家讲乌克兰语的西部和中部。但随着时间的流逝，乌克兰作为民族国家会赢得更年轻一代人——无论是主要讲乌克兰语还是讲俄语的人——更深刻的情感认同。他们越来越认为乌克兰的国家地位是正常的，是其身份的一部分。因此，时间或许不利于基辅对莫斯科的顺从，但是没有耐心的俄罗斯为达这一目的而施加的压力，以及西方的漠不关心可能令欧盟周边产生潜在的爆炸性局势。

阿富汗

阿富汗在苏联发动的长达9年的极其残酷的战争中饱受蹂躏，在苏联撤出后被西方忽视了10年，靠巴基斯坦的帮助攫取大权的中世纪风格的塔利班统治者管理无方。在小布什执政期间，阿富汗又经历美国历时7年的三心二意的军事行动，和断断续续的经济援助。如今，这个国家已经满目疮痍，失业率高达40%，人均国内生产总值排在全球第219位，除了非法的毒品贸易，它几乎没有经济产出。只有15%～20%的阿富汗人用上了电。

厌战或者美国衰落的先期影响而导致的美军迅速撤离，极有可能使得阿富汗四分五裂，邻近国家会在阿富汗争夺影响力。如果喀布尔没有一个有效和稳定的政府，这个国家就会被相互对立的军阀主宰。巴基斯坦和印度就会在阿富汗更加争先恐后地争夺影响力——伊朗大概也会插手。结果，印巴之间最起码会爆发一场间接战争的可能性就会增大。

伊朗将很有可能试图利用巴印的对立谋求自身的优势。印度和伊朗都担心，巴基斯坦在阿富汗影响力的提升将会严重影响地区力量平衡。从印度的角度来看，这会增强巴基斯坦的好战立场。此外，鉴于阿富汗存在塔吉克族、乌兹别克族、吉尔吉斯族和土库曼族等重要族区，毗邻的中亚国家可能还会更多地参与地区力量博弈。介入阿富汗的力量越多，爆发更大区域冲突的可能性就越大。

其次，即使在美国目前计划撤军之际阿富汗成立一个地位稳固的政府（或多或少拥有中央控制力），但接下来如果未能维持美国发起的国际参与，就很有可能令民族和宗教狂热死灰复燃。塔利班可能会在巴基斯坦塔利班组织的帮助下再度崛起为阿富汗的重大破坏力量，并且/或者阿富汗可能会陷入部落军阀割据一方的状态。然后，阿富汗可能在国际毒品交易市场上更加活跃，甚至可能再次成为国际恐怖主义的庇护所。

巴基斯坦

巴基斯坦拥有21世纪的核武器，并且靠一支20世纪末的专业化军队来维持团结。但是，尽管巴基斯坦拥有政治上活跃的中产阶级，城市人满为患，但该国的大部分地区仍是前现代社会，过着乡村生活，地区和部落特性明显。他们共同拥有伊斯兰信仰，正是这种信仰推动巴基斯坦在英国撤离印度时实现了独立。接下来与印度的冲突体现了巴基斯坦的独立国家身份感，而克什米尔问题加剧了印巴之间不可调和的强烈反感情绪。

巴基斯坦的政治不稳定是其最大的弱点。美国力量的衰落将削弱美国帮助巴基斯坦维持统一和促进发展的能力。巴基斯坦随后可能变成一个由军方治理的国家，或者一个激进的伊斯兰国家，或者军事统治和伊斯兰统治兼而有之的国家，又或者是一个根本没有中央政府的“国家”。最坏的情况是，巴基斯坦演变成核军阀主义的变体，或者变成类似伊朗的好斗的、反西方的伊斯兰政府。后一种情况可能反过来影响中亚，带来令俄罗斯和中国忧心忡忡的更普遍的地区动荡。

在上述情况下，美国的衰落还将增大中国对南亚的安全关切，并且可能会加大印度削弱巴基斯坦的欲望。中国将更有可能利用巴基斯坦与印度之间的任何冲突，因此有可能会令地区动荡加剧。最终，该地区是能够维持不稳定的和平，还是出现更广泛的冲突，将几乎完全取决于印度和中国在多大程度上克制自己利用巴基斯坦的动荡而获取地区优势地位的日益膨胀的民族主义冲动。

以色列与大中东

除了马上就濒危的特定国家，还需要考虑下面这种更一般的可能性：美国的衰落会引发破坏整个中东地区政治稳定的结构性变化。该地区的所有国家仍然容易遭受不同程度的内部民粹主义、社会骚乱和宗教极端主义的压力，2011年初的种种事件证明了这一点。如果美国的衰落真的在以色列和巴勒斯坦冲突仍然悬而未决的情况下发生，到那时仍未能实施双方都接受的两国解决方案，就会进一步给该地区的政治气氛火上浇油。以色列遭受的地区敌意将会加剧。

可以合理地假设，美国的明显式微会在某个时候诱使该地区力量较强的国家，尤其是伊朗或者以色列，为可以预料的危险预埋伏笔。在这些情况下，即使是小心翼翼的战术优势争夺都可能会引发当地的暴力事件——比如说，伊朗支持下的哈马斯或者真主党对抗以色列——而这些随后可能升级到范围更广、流血更多的军事对抗和新起义的爆发。诸如黎巴嫩和巴勒斯坦等软弱的实体然后将会付出尤其高昂的平民死亡代价。更糟的是，在伊朗和以色列之间的打击和反击行动之下，这种冲突可能会升级至恐怖的程度。

后一种形势上的变化反过来可能会把美国拖入与伊朗的直接对抗。出于对伊拉克和阿富汗战争（以及到那时可能还有巴基斯坦战争）的厌倦，美国因而不会将常规战作为有利的选项，美国大概会依靠其制空权对伊朗，尤其是对其核设施，造成强大的战略破坏。由此造成的人员伤亡将给伊朗的民族主义注入持久不消的反美情绪，同时使伊斯兰极端主义与民族主义进一步交融。中东的伊斯兰激进主义和极端主义也将被大幅度煽动起来，从而有可能给全球经济带来破坏性后果。在这种情况下，俄罗斯将明显地从能源价格上涨中获得经济利益，从伊斯兰情绪集中于美国身上而获得政治利益，因为这样穆斯林的不满就会从俄罗斯身上转移开来。土耳其或许变得更加同情伊斯兰的受难感，而中国可以更自由地追求自身在该地区的利益。

在这一地缘政治背景下，以色列的长期生存可能会岌岌可危。这一点与有些人持有的美国与伊斯兰世界陷入敌对关系将有利于以色列长期安全的观点背道而驰。以色列拥有军事实力和民族意愿来击退自身面临的迫在眉睫的危险，也可以压制住巴勒斯坦人。但是，美国对以色列的长期慷慨支持更多地源于道义上的义务，而不是源于真正的战略一致性，因此可能变得不那么可靠。随着美国的衰退，虽然美国公众仍然支持以色列，但美国退出该地区的倾向可能变大，而世界上大部分地区或许会把该地区的动荡归咎到美国头上。随着阿拉伯大众政治上的觉醒更倾向于开展长期暴力行为（“人民战争”），以色列可能会被国际上看作实行“种族隔离”的国家，正如以色列副总理埃胡德·巴拉克（Ehud Barak）在2010年发出的不祥警告那样。那么，以色列的长远前景将令人心存疑虑。

美国支持下的海湾国家的脆弱性很有可能会加剧。随着美国在该地区的力量减退，以及伊朗继续扩张其军力并致力于增大在伊拉克的影响力（伊拉克在2003年美国入侵前还是抵制伊朗扩张的壁垒），沙特阿拉伯、科威特、巴林、卡塔尔、阿曼和阿拉伯联合酋长国内部的不确定性和不安全感很有可能会增大。它们或许不得不在安全方面谋求新的、更有效的保护者。中国是一个明显的候选者，从经济角度考虑也是潜在的候选者，因此会极大地改变中东的地缘政治格局。

就在35年前，美国从与中东四个最重要国家——伊朗、沙特、埃及和土耳其——的强劲关系中受益匪浅。因此，美国在该地区的利益安全无忧。而今，美国对这四个国家中的每一个的影响力都大大减弱。美国和伊朗陷入敌对关系；美国对中东地区政策的变化也遭到沙特的批评；土耳其因为自身的地区雄心得不到美国理解而感到失望；埃及对与以色列的关系抱有越来越大的怀疑，从而在美国优先考虑的事项上与美国产生分歧。简言之，美国在中东的地位明显恶化。美国的衰落将令这一地位宣告终结。

美国在国际上不知不觉地陷入衰落，甚至陷入严重的危机，对国际恐怖活动的规模不会造成重大影响，这点与其对特别脆弱的国家影响不同。大多数恐怖主义行动一直都是国内的，而不是国际性的。无论是在意大利（1978年一年内就发生了大约2000起恐怖活动），还是在当今的巴基斯坦（恐怖袭击造成的人员伤亡每年高达好几百人，暗杀高层事件如家常便饭），国内恐怖主义的源头和所针对的目标，都是内部政局的产物。自从政治恐怖主义在19世纪末的俄国和法国作为一种重要的现象首次出现至今，一百多年来都是如此。以印度为例，其恐怖活动的出现从一开始就与美国在全球的地位几乎毫无关联。因此，美国力量的骤然下降不会影响恐怖活动的规模。由于大多数国内恐怖活动植根于激进的地方或区域政治紧张局势，唯有改变地方局势方能影响到这类恐怖活动的规模。

美国只是在过去15年的时间里才成为真正的国际恐怖活动的目标。国际恐怖主义的抬头与民粹主义激情有关联。而民粹主义，尤其是某些伊斯兰国家的民粹主义，则是由于政治觉醒而壮大起来的。美国之所以成为恐怖主义目标，是因为伊斯兰宗教极端主义把他们的强烈仇恨集中在美国身上，把美国当作伊斯兰教的敌人和新殖民主义“大撒旦”。本·拉登在为其2001年的宗教饬令辩解时把美国当作撒旦的化身，正是这一饬令引致美国遭受了“9·11”恐怖袭击。“基地”组织以美国为目标的另一个理由是，声称美国在沙特阿拉伯的军事部署和美国对以色列的支持亵渎了伊斯兰教圣地。布鲁金斯学会萨班中心高级研究员布鲁斯·里德尔（Bruce Riedel）指出，本·拉登在“9·11”前后发表了24次重大演讲，其中有20次引用美国对以色列的支持为“基地”组织针对美国的暴力行动辩解。

极端伊斯兰狂热分子对美国持有的摩尼教观点是国际恐怖主义的灵感。因此，美国的衰落无助于劝阻这些组织，但也不会增强他们的力量，因为他们的理念中，缺少其他诸如哈马斯和真主党等国内根基深厚的组织所具有的明确政治内涵。因此，要说这种宗教恐怖主义能够获得伊斯兰世界目前动荡局面的控制权，是值得怀疑的。即使获得这样的控制权，宗教恐怖主义也更有可能导致自相残杀的斗争，而不是对外部国家的任何统一行动。同样值得注意的是，在从巴枯宁[1]到本·拉登的岁月里，恐怖主义在任何地方都没有实现其政治目标，也没有成功地取代国家成为国际舞台上的主要角色。恐怖主义只能加剧国际动荡，但不会决定其实质性内涵。

此外，上述讨论指向如下更具一般意义的结论：

首先，一旦美国不愿或无力保护它过去出于国家利益或原则性考虑认为值得其介入的国家，现有的国际体系将会失去阻止冲突发生的能力。再者，一旦国际上普遍意识到这一新现状，迈向地区冲突的倾向就可能滋长蔓延，较强的国家在对待较弱小的邻国时越来越多地采取单边主义。和平受到的严重威胁，很有可能源于地区强国倾向于与其弱小得多的邻国清算地缘政治或者种族问题。美国力量的衰落将为这种诉诸武力的行为创造广阔的空间，而动武者只需承担相对而言非常小的短期代价。

其次，之前若干局势表明冷战的余毒未消。它们证明了美国错失良机，没有巩固俄罗斯附近的和平安全地带，进而围绕安全问题与俄罗斯开展更密切的合作。这种合作或许能够在北约扩大时达成北约—俄罗斯条约，从而促进更持久的东西方和解，同时帮助巩固俄罗斯萌牙初现的民主。[5]或许，西方的这种倡议会断然遭到拒绝，然而它却从未被尝试过。相反，在2001年之后，美国忙于“反恐战争”，忙着为其在伊拉克和阿富汗的军事行动争取支持，最终

---

1 Mikhail Bakunin，1814年生于俄国，是19世纪无政府主义的核心人物，是在俄国倡导恐怖主义的著名人物。他与马克思的分歧，导致无政府主义者与马克思主义的革命社会主义运动之间发生分裂。

伤及了更大的地缘战略设计。与此同时，俄罗斯集中精力建立更高压的极权统治，致力于恢复自身在苏联集团领地的影响力。

第三，东亚和南亚将是“后美国”世界国际冲突中最脆弱的地区。中国和印度都崛起为全球大国，拥有全球野心，促使地区力量分布发生改变，同时它们之间的明显对立正在带来无可避免的不确定性。如果美国步履蹒跚，即使中印两国避免发生重大冲突，较弱小的国家也都可能被迫在一个越来越动荡不安的环境下做出地缘政治选择。同时，中国受到来自内部的越来越大的压力，要推走美国在亚洲的力量；而东亚和东南亚对中国潜在扩张野心的担忧与日俱增。朝鲜在其内部政治格局的背景下公开宣称谋求核武器的事实带来了更大的不确定性，这个国家的政治格局既难解读，又危险得无法预测。对谋划单方面诉诸武力的国家而言，美国的衰落会减弱其动武时通常必须考虑在内的外部约束力。简言之，美国的衰落将不可避免地导致地区冲突的频率上升，范围和强度增大。

3. 睦邻关系的终结

美国仅与墨西哥和加拿大两个国家接壤。虽然这两个都是好邻居，但是一旦美国衰落，墨西哥由于国内的政治和经济动荡给美国构成的风险要严重得多。比如，美国和加拿大共享宽广但基本上平静的边界，而美墨边境虽然要小得多，但充斥着暴力、种族紧张局势、毒品和军火贸易、非法移民和政治妖魔化等。并且，虽然墨西哥和加拿大都在经济上依赖美国，国内生产总值相对而言差不多，但约有15%的墨西哥劳动力在美国境内工作，墨西哥人口低于贫困线的比例是加拿大的两倍多。再者，墨西哥的国内政局更不稳定，与美国的关系历来波折更多。因此，虽然美国的衰落会对加拿大造成负面影响，墨西哥却很有可能陷入混乱的国内危机，从而给美墨关系造成严重的不利影响。

近几十年来，美国和墨西哥成功地构建了有决定性意义的积极关系。然而，它们在经济上相互依存，因多年来墨西哥人口大量移民美国而形成人口关联，以及因跨境毒品贸易而共同受到安全威胁，这一切使得两国关系更复杂，也更容易受到国际格局变化的影响。美国人往往视墨西哥的相对稳定为理所当然，认为它对美国的战略地位乃至整个西半球的安全几乎不会构成直接威胁。美墨关系的严重恶化及其后果因此会对美国公众构成痛苦的冲击。美国公众总体而言还没有意识到，墨西哥与美国以往形成的关系可能会发生变化。

墨美关系历来既争吵不休，又携手合作。当墨西哥饱受内部暴力和政治动荡之苦时，美国既担心墨西哥的局势会波及其领土范围，但也利用机会趁虚而入，从这个较弱的邻国手中获取领土。这种情况下墨西哥通常就会与美国发生冲突。最著名的例子是，美国前后矛盾、有时候自私自利地应用门罗主义，发动扩张战争，在1848年把得克萨斯、加利福尼亚和美国西南部据为己有，这些领土占当时墨西哥国土面积的比例超过50%。在墨西哥革命期间，美国总统威尔逊又不得人心地侵占了韦拉克鲁斯（Veracruz）。另一方面，美墨两国（以及加拿大）携手合作，创建了北美自由贸易协定（NAFTA），迄今它仍是世界上最大的单一经济区。

两个世纪以来时好时坏的墨美关系提醒人们，管理这种不对称关系的内在困难有多大。双方国内都有担忧之情，墨西哥政局不稳，美国定期咄咄逼人地展示武力，这些常常压制了本应该蓬勃发展的伙伴关系。它们地理上的相邻关系只是令这些问题复杂化，这种情况使得经济和安全合作对国家成功来说十分必要。但是政治动荡和文化恐惧抑制了睦邻友好关系。因此，伴随着间歇性的大妥协和尖锐矛盾的时期，如何维持建设性的墨美伙伴关系，对两国领导人而言都是严峻的挑战。

美国和墨西哥共享文化和个人联系，也拥有共同的经济和安全关切，所有这一切使得地区伙伴关系对双方都有利。美国的经济韧性和政治安定迄今也缓解了经济依赖、移民和毒品贸易等敏感问题构成的诸多挑战。然而，实力的下降会损害美国经济与政治体制的健康与良好的判断力，上述难题会因此而更加棘手。美国在陷入衰落时，民族主义情绪会更加高涨，会采取更多的行动捍卫自己的国家认同，对国土安全会采取更加偏执的态度，更不愿意为其他国家的发展而牺牲自己的资源。因此，与墨西哥的稳定合作将只能得到民众较少的支持。

在这种背景下，美国的国内政治将很可能变得更具保护主义色彩，更像欧洲大国在一战结束后所做的那样。美国将不大可能创建机构（如拟议中的北美开发银行），通过共同出资的倡议来帮助促进地区——尤其是墨西哥——的经济增长；更有可能出现的情景是提供补贴来扶持强大的国内团体，从而损害墨西哥的出口。美国作为全球领袖的地位，通常有助于防止美国的贸易政策受到保护主义导向的国内利益的影响。

由此带来的后果将严重破坏墨西哥经济，造成的社会和政治余震，将令墨美关系中移民和毒品贸易这两个最重要的问题进一步复杂化。这两个问题都是美国与墨西哥之间紧张的，有时候十分勉强的合作的目标。美国公正对待墨西哥移民以及承诺帮助墨西哥打击毒品贸易，对维持富有成效的伙伴关系是必不可少的。然而，走向衰落的美国的国内和地区前景，几乎肯定会增大美国妖魔化墨西哥移民的可能性，并且加深美国对墨西哥打击其贩毒集团意愿的怀疑。美国将很有可能致力于在这些问题上寻求更加强制性的解决方案（即阻隔或者驱逐移民，在边界集结或者部署军队）。这将破坏睦邻友好的政策，并且可能会引发地缘政治对抗。

墨西哥移民，尤其是非法移民，是墨美两国经济和政局之间鲜明差异的结果。随着时间推移，这些差异导致了大量墨西哥人移民到美国。因此到了2009年，墨西哥移民在美国的数量约为1150万。[6]美国的墨西哥非法移民数估计达到660万。[7]美国的墨西哥裔总人口现在为3100万左右，约占美国总人口的10%，其中大多数仍然与他们在墨西哥的家人联系紧密。可想而知，墨西哥公民和墨西哥政府本身对生活在美国的移民状况颇为关切。例如，美国亚利桑那州2010年出台严格的移民法，目的是加大对非法移民的起诉和遣返，此举激怒了许多墨西哥人。虽然奥巴马总统谴责了这项议案，但它仍然使得墨西哥人对美国人的正面评价一落千丈。根据皮尤世界民情调查机构2010年的调查结果，受访的墨西哥人仅有44%对美国有好感，而在亚利桑那州推行这一法律之前，这个比例为62%。

美国对墨西哥移民采取更强制的态度和更高压的政策，将加剧墨西哥人的仇恨情绪，从而对美墨整体伙伴关系造成负面影响。在“9·11”恐怖袭击之后，美国将边界安全视为国土安全必不可少的议题；对恐怖分子从墨西哥越界进入美国的可能性的担忧，增强了美国民众彻底封锁边界的呼声。美国为加强边界安全决定构建一个隔离墙/围栏将其与墨西哥隔离开来，这刺激了墨西哥的反美情绪。它令人不愉快地想起以色列在约旦河西岸建造的隔离墙或者德国的柏林墙。美国的国际地位下降之后，很有可能变得对美墨边界漏洞百出以及由此造成的移民潮更加感到不安，因此会继续采取类似的政策，使得这两个邻国的关系呈现危险的螺旋式下降。

毒品贸易的问题早已引起美墨双方的严重关切，敌意增大会破坏美墨两国在该问题上的合作能力。美国为根除哥伦比亚毒品贸易付出的努力获得了高度成功，墨西哥则日益接过哥伦比亚的角色，以美国为目的地的可卡因中有90%现在从墨西哥过境。这一新现实令墨西哥的暴力行为不断升级，比如在华雷斯（Juarez），并且波及美国。虽然美国和墨西哥都把打击跨境毒品贸易当作政策重点，但实际情况表明这个问题难以解决。与此相关的暴力活动愈演愈烈，腐败成风。据估计，2006年以来，大约6000名墨西哥人死于与毒品有关的暴力；2009年有535名墨西哥警官殉职。[8]总之，这给墨西哥地方和中央政府以及美国的执法部门造成了难以承受的压力。

如果美国衰落，财政和军事资源缩减，政策变得更加单边，战胜毒品贸易就难上加难了。如果墨西哥反美情绪因美国的经济保护主义和严厉的移民法而日益高涨，目前强劲的北南伙伴关系将不复存在，墨西哥政府接下来就会改变其与美国全心全意合作的政策导向，美国任何缉毒努力的效力都会遭到削弱。此外，缺少美国支持的墨西哥政府将发现根本不可能战胜贩毒集团，墨西哥的政治格局因此会容易受到政治压力，以美国的安全为代价与毒枭达成妥协。这将使墨西哥重现2000年将权力从革命制度党移交给一个公开、多党民主制之前的局面。墨西哥重现这种状态将进一步刺激美国国内的反墨倾向。

美墨伙伴关系下降可能引发地区乃至国际上的重新调整。墨西哥民主价值观、经济实力和政治稳定的减弱，再加上贩毒集团势力扩张的危险，将会限制墨西哥成为地区领袖、领导具有积极和正面意义的议题的能力。到头来，美国衰落的最终影响可能是：墨西哥更软弱、不太稳定、经济乏力、更加反美，无法与巴西建设性地角逐合作性的区域领导地位，也无法帮助促进中美洲的稳定。

在这种情况下，中国还可能开始在后美国的西半球区域政治方面，发挥更重大的作用。作为其缓慢角逐更大全球影响力的努力的一部分，中华人民共和国在非洲和拉美开始大手笔投资。比如，巴西和中国长期以来一直努力在能源和技术方面构建战略伙伴关系。这并不表明中国将谋求主宰该地区，但它通过帮助更多公开反美的政府发展经济，可以明显地从美国区域力量的减弱中受益。

从长远来看，衰落的美国与受国内问题困扰的墨西哥之间的关系有可能恶化。这可能会导致一个特别不祥的现象的出现：民族情绪引导的墨西哥政治会出现一个重大问题——以历史为依据，由边界争端事件触发领土要求。当初为了与西半球最强大、后来又成为全球唯一的超级大国建立更互惠的关系，墨西哥迫于政治和经济的客观状况，自我麻醉地美化了向美国出让领土的历史记忆。但是如果墨西哥指望不上力量削弱的美国，那么始于跨境毒品贸易所触发的事件，可能轻而易举就升级为武装冲突。人们甚至可以想象，会发生打着“收复”历史上属于墨西哥的领土的旗号发动越境袭击，历史上有过这种盗匪行径摇身变成爱国主义事业的先例。另外一个现成的借口可能是，美国的反移民情绪等同于种族歧视，因此需要采取报复行动。这些反过来会带来这样一个论调，即在前墨西哥领土上生存着许多墨西哥人，需要把领土自决的问题提出来。

对这些问题的猜测今天读起来就像是科幻小说，与现状无关，但是地缘政治现实将在美国衰落的情况下显著改变。这很可能会涉及美国与墨西哥之间曾经敌对但是近来变得友好的关系。倘若真的发生这种情况，美国拥有的地缘政治上安全、没有邻里冲突的地理位置——在前面第二章里曾把它列为美国的重大资产之一——就将成为过去。

4. 非共同的全球公共品

世界上所有国家共享的全球公共品，可以被归结为两类主要的全球关切：战略公共品和环境公共品。战略公共品包括海洋、天空、外太空和网络空间，以及涉及全球防扩散的核领域。环境公共品包括对水资源、北极和全球气候变化加以管理所带来的地缘政治影响。在这些领域，美国依赖于所拥有的近乎全球性的霸权地位，近年来有机会塑造人们所说的“新世界秩序”。然而，美国虽然参与其中，并且美国的领导地位对改革和保护全球公共品而言必不可少，但美国并非总是处于行进的最前沿。像其他任何大国一样，美国试图构建一个首先对自身发展有利的世界，尽管在20世纪，美国的动机比之前历史上占支配地位的大国的动机更理想化。

而今，世界上的新兴大国——中国、印度、巴西和俄罗斯——正在这个全球管理的过程中发挥更加不可或缺的作用。单靠美欧共识或者美俄共识无法有效制订公共品规则。这些新的参与者正在崛起（虽然速度缓慢），使得在确保和改革全球公共品方面组建更大的共识团体成为必然。然而，要应对新旧挑战，美国的参与和协同领导仍然是必不可少的。

战略公共品将很有可能是受全球力量模式变化影响最大的领域，原因有两点：一是中国和印度等新兴大国的能力和积极性逐步增大，二是美国的卓越地位有可能衰落。海上、天空、外太空和网络空间对每个国家的国家利益来说都至关重要，而美国在这些领域的大部分都占据支配地位。然而，在未来的几年里，随着其他主要大国的实力和国家野心的扩大，全球总体力量的分散，这些领域会变得越来越拥挤，竞争越来越激烈。

由于对战略公共品的控制取决于物质优势，因此随着其他国家军事实力的增长，这些国家必然会挑战美国无所不在的地位，以期取代美国成为地区权力掮客。这种竞争可能很容易在战略公共品方面导致误判、管理效率下降，或者具有民族主义色彩的国与国之间的领土竞争。举例来说，中国与其他国家在周边水域有领土争端。中国重点发展海军力量，旨在阻止美国进入南海和东海，从而捍卫这些主权要求、巩固其区域地位。另外，俄罗斯近来也决定把海军作为其军力发展的最优先领域，大大提高了太平洋舰队的经费。印度也继续在印度洋扩充海军力量。

未来保持战略公共品的稳定，关键是在美国实力尚存的时候，逐步达成全球共识，公正且和平地分配职责。例如，和平的海洋体系是业已全球化的经济能否成功的关键所在，以负责任的方式管理空域和海洋符合所有国家的利益，因为它们对国际贸易具有影响力。因此，即使是在区域力量不断发生演变的情况下，公平分配管理职责的可能性也非常大。然而，在短期内，当这种体系刚刚兴起时，一个国家很有可能会错误估计自己相对于邻国的实力，或者不惜以更大范围的国际社会的代价来占据上风。这可能导致严重冲突，尤其是在有关国家竭力在争议水域下面谋取更多能源的时候。

既然世界当下事实上依赖美国来管理和防止海上冲突，美国的衰落将给这种战略公共品带来危险的后果。尽管美国的衰退不大可能会使其海军力量严重受限（因为它对美国的核心利益至关重要），走下坡路的美国可能没有能力或者干脆不愿意阻止太平洋或者印度洋这两个尤其令人担忧的区域的海上纠纷升级。

同样，由于新兴大国的能力日益增强，目前由美国占支配地位的外太空领域的活动正在增多。太空方面两个最紧迫的问题是太空垃圾和太空武器增多，全球太空活动的激增令这两个问题雪上加霜。中国在2007年成功发射了一颗反卫星导弹，摧毁了自己的一颗卫星，从而给低地球轨道增加了前所未有的危险垃圾，增大了关于中国使外太空军事化的意图的不确定性。

虽然美国拥有世界上最先进的外太空实体追踪系统，并且因此拥有保护自己的一些资产的能力，但管制太空活动的规则需要更新，以反映冷战后的状况，确保太空的平静，禁止像中国在2007年那样的行动。但是，如果美国在衰落之下不得不削减自己的太空能力，或者更有可能的情景是，美国在衰落之中允许其他像中国或印度这样的新兴大国把太空视为其技术的测试场地，预示着它们的影响力日益增大，启动新的战略竞争，那么“最后的疆域”可能会令人感到不祥地动荡不安。

互联网现在已变成外太空过去的样子：商贸、通信、探索和力量投射无边无际。军方、商界和政府机构都同样地依赖自由、安全的网络空间来成功地履行自己的职责。然而，维持互联网自由的同时确保信息安全是个严重挑战，尤其考虑到互联网管理分散、日新月异的特点，更是如此。像在海洋一样，美国在网络空间的力量对于互联网的公正监管和自由必不可少，因为美国目前通过总部在加利福尼亚的私有非营利实体——“互联网名称与数字地址分配机构”（ICANN），控制着大多数网络空间的准入和监管。美国对互联网的霸权控制所招致的全球憎恨情绪，再加上网络间谍的滋扰和网络战的严重威胁，令管理这一战略公共品的艰巨任务进一步复杂化。

虽然这一体系让互联网能够运转，但却不能阻止个别国家限制其公民上网，尽管美国把公开反对这种限制作为工作重点。因此，如果没有强大的美国，新兴大国将利用缺少政治限制的空当，图谋改变互联网的工作特点，以便更有效地限制（甚至包括其国界以外的）互联网的潜力。

此外，控制全球核扩散对国际体系的稳定至关重要。连年来，美国一直最强烈地呼吁将核扩散降至最低限度，甚至为自己设定了让世界没有核武器的目标。另外，美国向害怕其拥有核武器的特定的无核武器邻国提供安全保障，给它们撑起美国的保护伞。由于美国是拥有最先进核武器的最大国家，并且由于其全球地位有赖于其核保护伞提供的稳定状态，核不扩散领域的领导职责就落在美国的肩膀上。在这一领域，全世界仍然指望美国能够超越所有其他各方而承担领导责任。

伊朗如今致力于拥有核力量，再加上美国未来可能发生的衰落，这凸显了21世纪核扩散的潜在危险：不扩散制度渐行渐远，新兴国家加大扩散，俄罗斯、中国和印度延伸核保护伞，地区核军备竞赛愈演愈烈，恐怖组织更有可能窃取核材料等。

美国衰落会引发美国核保护伞公信力的信任危机，从而对核领域造成最深刻的影响。诸如中国台湾、韩国、日本、土耳其，甚至是以色列等国家和地区的安全依赖美国延伸核威慑力。如果它们看到美国缓慢退出某些地区，由于形势所迫而收回承诺的保障，或者即使它们由于美国衰落造成的金融、政治、军事和外交后果而对美国维持保障失去信心，那么它们就会到别处求得安全。“别处的”安全只可能有两个来源：自己的核武器或者另一个国家——最有可能是俄罗斯、中国或者印度——延伸的威慑。

一种可能的情况是，如果一个国家由于目前有核武器国家的野心，新的拥有核武器的国家的增加，或者美国力量的可靠性下降而感到受到威胁，它们就将发展自己的核能力。对于像德国和日本这样的大国，鉴于其广泛的民用核工业、经济上的成功以及技术的尖端性，它们发展核武器的道路既容易，又相当迅速。此外，由于朝鲜和伊朗拥有核能力的潜在可能性，美国在波斯湾或者东亚的盟国可能会打造它们自己的核威慑力量。鉴于朝鲜越来越飘忽不定，六方会谈毫无成果，人们对伊朗狂妄自大的能力抱有不信任，式微的美国的核保护伞所提供的担保，可能无法阻挡一些小国之间发生区域核军备竞赛。

最后但并非最不重要的一点是，尽管中国和印度今天在核领域维持最小威慑和“不首先使用核武器”的负责任的姿态，核武器越来越多的世界的不确定性，可能会迫使这两个国家重新评估和升级它们的姿态。事实上，它们以及俄罗斯甚至可能变得倾向于向各自的依附国延伸核保证。这不仅可能预示着这三个野心勃勃的大国之间再度展开地区核军备竞赛，而且还可能在竞争性的核威慑驱动下，在欧亚创造新的和对立的势力范围。

因此，美国的衰落将加速核领域的剧变。众多可能结果中更可能出现的情形包括：美国不牢靠的盟国增大核扩散，和/或新兴亚洲大国之间展开军备竞赛。这种核扩散的连锁效应会破坏核领域的透明管理，增大国家间的角力、误判，最终甚至可能发生国际核恐怖活动。

除了上述所说，本世纪全球将面临一系列物理环境显著变化所构成的新地缘政治挑战。管理不断变化的环境公共品——淡水日益短缺、北极的开放、全球变暖——需要全球共识和共同牺牲。单靠美国的领导地位不足以确保所有这些问题上的合作，但美国影响力的衰落将减弱在环境和资源管理上达成合作协定的可能性。美国退离世界警察的角色可能会给新兴大国创造更大的机会，让它们能够进一步利用环境公共品而谋求自身的经济收益，增大资源引发的冲突的可能性，特别是在亚洲。

后一种情形有可能发生，尤其是考虑到许多国家水资源日益稀缺的情况时更是如此。根据美国国际开发署（USAID）的数据，由于全球水需求量每20年增加一倍，到2025年，超过28亿的人口将生活在要么缺水要么供水紧张的地区。[9]虽然南半球受到水资源短缺可能性的威胁，但国家间的冲突作为跨界水资源稀缺的地缘政治后果，最有可能在中亚、南亚、中东和非洲东北部发生。在这些地区，有限的水资源多国共享，而各自政局瞬息万变。政治不稳定和资源稀缺的结合就成了凶险的地缘政治组合。

诸如土耳其和印度等新兴大国的经济增长和水需求增大，以及对立的伊拉克和巴基斯坦的不稳定和资源稀缺，两者之间相碰撞可能会加剧水冲突的威胁。水资源短缺也将考验中国的内部稳定，因为其不断膨胀的人口和不断扩张的工业园区共同作用，既增大了对水的需求，又减少了稳定水源的供应。在南亚，印度与巴基斯坦之间的紧张局势永无止境，再加上过度拥挤和巴基斯坦内部危机加重，可能使得《印度河用水条约》岌岌可危，特别是因为这条河流发源于长期备受争议的查谟（Jammu）和克什米尔，而这两个地区的政治和军事动荡在不断加剧。至关重要的布拉马普特拉河从中印争议地区穿流而过，该地区仍然需要高度关注。随着美国霸权消失和区域竞争加剧，水等自然资源方面的争端有可能演变成全面的冲突。

缓慢融化的北极也将改变重要资源方面的国际竞争形势。随着人类越来越容易接近北极，五个北极沿岸国家——美国、加拿大、俄罗斯、丹麦和挪威——可能迅速宣称对北极的石油、天然气和金属拥有主权。这一关于北极的动向有可能导致地缘政治格局发生重大转变，尤其对俄罗斯有好处。正如记者弗拉基米尔·拉久欣（Vladimir Radyuhin）在其名为《北极对俄罗斯的战略价值》一文中所指出的那样，俄罗斯从进入北极方面获得的收益最多，但同时会成为其他四个北极沿岸国家在遥远北极的遏制目标，而这四个国家全都是北约成员。既然现在几乎没有关于北极的协议存在，那么这一新的大博弈在很多方面将取决于谁最先采取行动，谁的理由最多。 2010年夏天，俄罗斯的首艘超级油轮从欧洲通过北海航行到亚洲。[10]

俄罗斯在北极的土地和资源潜力巨大。其在北极圈内的领土面积为310万平方公里——相当于印度的国土面积，俄罗斯天然气总产量的91%，已探明天然气储量中的80%，海上油气储量中的90%，还有大量的金属储藏，均来自该地区。[11]俄罗斯也在试图增加其领土主权，声称其大陆架不断深入到北极，这将让俄罗斯有资格将其专属经济区再延伸150英里，从而再增加120万平方公里资源丰富的领土。俄罗斯的首次尝试遭到联合国大陆架界限委员会的拒绝，但它计划在2013年重新申请。俄罗斯认为北极是其北部边境的真正延伸。俄罗斯总统梅德韦杰夫在2008年的一份战略文件中声称，到2020年时，北极将成为俄罗斯“主要的战略资源基地”。[12]

虽然欧洲和俄罗斯最近就欧洲的安全结构举行了和解性的峰会，但大量的不确定性和不信任给西方与俄罗斯之间的关系蒙上阴影。美国本身一直对北极维持着强烈的主权要求，并且自从冷战结束以来继续在该地区巡逻。这一点在小布什总统第二任期的最后一个月得到了增强。当时他发布了一个国家安全指令，规定美国应该“保持美国军事和民用船只和飞机经由北极地区通达全球的移动性”。美国衰落的可能性可以令俄罗斯更大胆，更加有力地维护其对北极的控制以及通过能源政治对欧洲的控制，不过这在大部分程度上取决于俄罗斯2012年总统选举后的政治取向。所有五个北极沿岸国家，都将受益于一个和平且合作的北极协议——类似于挪威与俄罗斯2010年在巴伦支海峡问题上达成的协议——以及这一协议将提供的地缘政治稳定。然而，在对能源的控制仍然是俄罗斯唯一的最优先点的背景下，政治环境可能会迅速发生变化。

全球气候变化是环境公共品的最后一个组成部分，具有最大的潜在地缘政治影响。科学家和决策者都预测，如果在下一个世纪全球平均气温上升两度以上，就会给人类和地球造成灾难性的后果。动植物种类将迅速灭绝，大规模的生态系统可能崩溃，人类迁徙可能会增长到无法承受的程度，全球经济发展可能会遭到直截了当的逆转。地理变化、被迫迁移，以及全球经济因为常年的地区安全挑战而萎缩，这些因素可能导致一个复杂性和冲突难以管理的地缘政治现实，尤其是在人口稠密、政治上不稳定的亚洲地区，如东北亚和南亚。此外，任何抑制全球气候变化的合法行动都将需要前所未有的自我牺牲和国际合作。美国虽然的确十分重视气候变化，但它缺乏长期战略和政治承诺，这一点从其拒绝批准1997年的《京都协定书》、气候变化议案在国会一再遭挫中可见一斑。这就阻止了其他国家参与全球协议。

美国是世界上第二大二氧化碳排放国，碳排放量占全球的比重为20%，仅次于中国。美国的人均二氧化碳排放量和人均能源需求在全球都排在头号位置。因此，美国的领导地位不仅在获得其他国家合作方面必不可少，而且在切实地抑制气候变化方面，也是如此。世界各地的人，包括欧盟和巴西，试图对碳排放和能源利用方面进行国内改革，并致力于追求可再生能源。就连中国都把减排作为一个目标，而它一直不让美国忽视这一事实。但目前这些国家中没有哪一个有能力领导一个全球倡议。奥巴马总统在2009年的哥本哈根首脑峰会上承诺，美国将致力于能源和碳排放改革，但美国国内日益两极化的政治环境和美国经济蛮横的复苏行为，不大可能激发这个国家在昂贵的能源问题上取得进展。

对任何有关管理气候变化的讨论而言，中国都至关重要，其碳排放量占全球碳排放总量的21%。在中国开发其西部地区并且在其民众体验生活水平提高的时候，这一比例只会继续攀升。中国在2009年哥本哈根首脑会议上的强硬态度，凸显了美国衰落的潜在危险：没有其他国家有能力和意愿接受环境公共品方面的全球总管的职责。

俄罗斯的经济增长依赖碳基能源，印度的碳排放量相对较低，中国目前不愿承担全球责任，鉴于这些情况，只有活力十足的美国才能够在气候变化方面起到领导作用。要实现全球经济长期增长，延续基本稳定的地缘政治格局，就迫切需要对全球公共品——海洋、太空、网络空间、核扩散、水安全、北极和环境本身——进行保护和诚信管理。但在几乎所有情况下，潜在缺乏建设性的、有影响力的美国的领导会削弱全球公共品的基本共同性。几乎在所有情况下，建设性的、有强大影响的美国领导力的潜在缺失，会对全球公共品所必需的团结造成致命的损害。

美国的衰退会导致全球不安全，威胁一些脆弱的国家，导致与北美邻国的关系陷入更大的困境，使合作管理全球公共品更加困难，但这些均不构成美国全球称霸的论据。事实上，21世纪，政治上自我张扬的全球人口的增加和全球力量的分散而造成的全球战略复杂性，使得这种霸权成为遥不可及的东西。但在这个日益复杂的地缘政治环境下，谋划新的、及时的战略远景的美国，对于帮助世界避免危险地陷入国际动荡之中至关重要。

本章注释：

[1]《中国未来的全球立场》，《瞭望新闻周刊》，2008年10月19日

[2]《中美竞争与合作交织》，《瞭望新闻周刊》，2010年2月7日

[3]《中国扩大的战争游戏》，《印度斯坦时报》，2010年8月25日

[4]美国国务卿克林顿，在第比利斯举行的联合新闻发布会上，2010年7月6日

[5]本文作者在《欧洲的计划》一文中所提出的建议，《外交》杂志，1995年1月

[6]《墨西哥移民：来了多少人？走了多少人？》，皮尤西裔研究中心（Pew Hispanic Center）报告，2009年7月22日

[7]《美国境内未经批准的移民人口估计数字：2009年1月》，美国国土安全部移民统计局，2010年1月，详见网址：www.dhs.gov/xlibrary/assets/statistics/publications/ois_ill_pe 2009 .pdf

[8]克莱尔·里班多·希勒克（Clare Ribando Seelke）、马克·P. 沙利文（Mark P. Sullivan）和琼·S. 贝泰尔（June S.Beittel）：《墨美关系：国会的问题》，国会研究处，2010年2月3日

[9]《全球水危机》，美国国际开发署，2007年1月18日

[10]弗拉基米尔·拉久欣，《北极对俄罗斯的战略价值》，《印度教徒报》，2010年10月30日，详见网站：www.thehindu.com/opinion/lead/article857542.ece.

[11]G.P.格莱斯比（G.P. Glasby）和尤尔·瓦泰霍夫斯基（Yu L. Voytekhovsky），《北极俄罗斯：矿物和矿产资源》,《生化新闻》, no. 140 (2009年7月)

[12]拉久欣，《北极的战略价值》

第四章

2025 年之后：新的地缘政治平衡

美国必须下决心做几件有意义的事，才能在几十年后仍维持其全球地位，这几件事做成功了，美国不仅能克服社会经济衰退的倾向，还能在迄今世界上最重要的大陆板块欧亚大陆上塑造出崭新而稳定的地缘政治平衡。

所以，美国未来的关键，依然掌握在美国人民的手中。美国不仅要大幅改善国内状况，还要根据21世纪的客观和主观状况去重新定义美国在世界上的地位。为了实现这个愿望，美国必须采取国家行动加强公众对美国的全球境况的理解，使公众看到美国的全球境况正在发生改变，并充满了潜在的危险。本书前面讨论过，美国的固有优势仍然允许美国维持慎重乐观的态度，完全可以拒绝接受那种认为美国必然衰败、肯定会变得无足轻重的预测。但是，美国公众对美国所面临的内外交困的局面是无知的，这个问题必须慎重、勇敢、自上而下地加以解决。

民主制度是美国最伟大的优势之一，但也是导致目前困境的主要原因之一。根据美国开国元勋所设计的宪法，大部分决策只能是渐进式的。所以，真正的全面决策需要一定程度的社会共识。社会境况发生剧烈改变（譬如严重的金融危机或外部入侵威胁），和/或者立场坚定的国家领导有说服力的讲演能够产生社会共识。在美国，只有总统才有引起全国共鸣的力量，所以美国总统必须推动国家复兴。

奥巴马在竞选时和担任美国总统后，曾经做过几次非常精彩的演讲。他的演讲既坦率又富于历史意义，其内容涉及了欧洲人、中东人、穆斯林和亚洲人，他指出美国必须调整与他们的关系。特别是他在布拉格和开罗的讲话，提高了全世界对美国未来外交政策的期待。根据国际民意调查的结果，奥巴马的形象和言辞立刻给几乎全世界留下了积极印象。但是，有几点重要内容，他没能坦白地告诉美国人民：美国在世界上的角色正在发生改变，这种角色改变的后果是什么，新角色的任务是什么。

发生在2001年9月11日的悲剧彻底改变了美国人的世界观。唯利是图的大众媒体，利用美国公众对世界历史和地理的无知，大肆宣传公众的恐惧，从而给喜欢搞煽动的小布什政府长达8年的时间，把美国变成了一个“十字军”国家。从此，“反恐战争”变成了美国外交政策的代名词，而几乎整个美国都忘记去建立一个在不断演化的地缘政治环境中争取美国长期利益的战略。由于上述诸方面的影响，美国对21世纪的新挑战毫无心理准备。

美国及其领袖需要理解眼前这种崭新的战略环境，这样才能在内政和外交上都做出相应的调整，使美国的全球角色得以复兴。本书将在后面讨论正在演化中的地缘政治条件，并提出一个适合目前局势的美国外交政策的远景概况。

1. 欧亚大陆的地缘政治动荡

欧亚大陆，不仅是最直接威胁美国全球地位的外交政策的发源地，也是对全球地缘政治的稳定性构成长期挑战的发源地。直接威胁当前来自一个固定的区域：埃及苏伊士运河以东，中国新疆以西，俄罗斯以南的苏联垮台后在高加索一带形成的新中亚国家。对全球地缘政治的稳定性带来较长期挑战的是全球重心正在从西方向东方转移（从欧洲向亚洲转移，可能甚至是从美国向中国转移），这个过程此时仍在进行中，其后果目前很难预料。

与世界上其他强国相比，美国介入欧亚大陆的事务比较深，陷入了一系列的冲突之中。有一个现象非常引人注目，那就是有几个地区性强国，可能比美国更容易受到该地区动荡不安局势的影响，譬如印度、俄罗斯、中国，可是这几个国家却小心翼翼地避免直接参加任何美国在该地区痛苦的（时常显得笨拙的）行动，而美国原意无非是想防止该地区的种族和宗教冲突升级。

任何解决阿富汗冲突的建设性方案，最终都必须包括两个方面：一是喀布尔政府需要与各反对派别达成政治和解，二是需要与有能力为阿富汗稳定做贡献的主要邻国形成一个地区性框架。前面讨论过，美军在阿富汗大规模长期驻扎，既不能解决苏联入侵该国带来的悲剧，也不可能给予该地区稳定。与此类似，伊朗正在建设中的核设施引发了地区性挑战，无论是以色列还是美国的军事打击都无法消除这一挑战。这样的军事打击，只能把伊朗的民族主义与好斗的宗教极端主义融合在一起，使该地区处于长期的冲突之中，从而导致中东至今仍然亲西方的几个阿拉伯国家出现高度不稳定的局面。长期来看，伊朗也应该被纳入地区性融合的过程之中。

不管怎样，美国仍然能够遏制拥有核力量的伊朗。即使伊朗显然掌握了核武器，美国也能为整个中东在受到核打击时提供有效的保护伞。因此，如果伊朗没有与国际社会达成可以接受的和解，不能令人信服地保证其核计划绝不包含秘密核武成分，那么美国就可以向世界公开宣布，只要伊朗威胁其中东邻国，就等于是在威胁美国。

在上述情况下，如果伊朗确实朝着拥有核武器的目标迈进，美国就应该谋求获得其他几个核大国的承诺，共同强制执行联合国解除伊朗核武器的决议，在必要时采取武力措施。但是，必须强调一点：这是集体强制行为，一定要把俄罗斯和中国纳入其中。美国可以单独向该地区提供核保护伞，但千万不要单独动武，或只与以色列一起动武，因为这将再一次使美国孤立地陷入一场较广泛、最终自我毁灭的冲突之中。

与阿富汗问题和伊朗问题具有等同重要性的是以色列与巴勒斯坦的冲突，建设性地解决这一冲突与美国利益攸关。这场冲突毒化了中东的氛围，激化穆斯林的极端倾向，直接损害美国的国家利益。如果能积极地破解这场冲突，将大大有助于中东局势稳定下来。否则，不仅美国在该地区的利益将受损，而且以色列在充满敌意的国际环境里的命运也将会令人担忧。

这三个相互关联的地缘政治问题是美国地缘政治议程中最迫切的问题必须尽快得到解决，因为它们潜在的结果对美国的影响是最迫切的。除上述危机以外，全球力量的分布正在发生意义深远的改变，这预示着历史性的需要——美国为了使欧亚大陆变得更加稳定和富于合作，必须追求一个长期的战略远景。在目前这一阶段，只有美国有能力保护整个欧亚大陆的平衡。如果没有美国，这块政治上如今变得非常活跃的巨型大陆将会充满越来越危险的冲突。唉，欧洲过分关注自己。俄罗斯仍然留恋不久前的过去。中国只顾走向自己的未来。印度既羡慕又嫉妒中国。

如此更长远的地缘政治战略必须把欧亚大陆看作一个整体。

巨大的欧亚大陆是世界事务的中央舞台，因为在这块大陆上存在着不同的地缘政治动机、政治权力、经济动能，它们之间相互竞争。[1]美国自1991年后就是世界上唯一的超级大国，因为曾经支配欧亚大陆的中苏集团消失了，欧亚大陆上出现了权力真空。所以，美国获得了一个独特的机会协助欧亚大陆发展新型的国际政治结构。但是，这个机会被浪费了。如今美国必须在一个困难得多的境况下去完成这一重大任务。

在"冷战"结束后的二十年里，欧亚大陆完成了一次漂移。欧洲在政治上变得不是更统一，而是更不统一。另一方面，土耳其和俄罗斯依然滞留在西方社会的边缘，前途未卜。在东方，中国的政治、经济和军事实力都增强了，这个已经深受历史性的敌意折磨的地区产生了一份新的焦虑。为了保证整个欧亚大陆的稳定，美国必须塑造出相应的政策去应对欧亚大陆两侧出现的挑战。

在西方，欧盟没能利用"欧洲一体化和自由化"这一机遇期实现欧洲真正的统一和自由。货币联盟不等于真正的政治统一，因为几个资源和责任不等同的国家根本无法形成有约束力的跨

---

1 布热津斯基在他的另一本书《大棋局》（*The Grand Chessboard*）中对欧亚大陆的描述依然正确："欧亚大陆是全球面积最大的大陆和地缘政治中轴。主宰欧亚大陆的国家将能控制世界最先进和经济最发达的三个地区中的两个。看一下地图就会知道，控制了欧亚大陆就几乎自然而然地控制了非洲……欧亚大陆拥有约75%的世界人口。它的企业和地下矿藏在全世界的物质财富中占有大部份额……排在美国后面的六个世界经济大国都在欧亚大陆。公开的核大国只有一个不是欧亚国家，不公开的核国家也只有一个不是欧亚国家。世界上两个人口最多并有意谋求地区主导权和/或全球影响的国家也都是欧亚国家。"

国统一。目前的经济困难在2007年后逐渐扩大，欧洲南部尤其如此，当初大家都期望欧洲能成为一个政治和军事巨人，这个期望越来越渺茫。从前，欧洲是西方的中心，可现在却成了西方的外围，因为美国才是西方真正的中心。

然而，美国主导的西方，看似统一但仍有隐患。一方面，欧盟的成员国缺少真正的跨越国界的政治身份，自然就更不用说在全球扮演统一角色了。另一方面，一些深刻的地缘政治裂痕也很容易伤害到欧盟的统一。英国一方面紧紧追随美国，另一方面又谋求在欧盟内部拥有特殊地位。法国一直都在嫉妒德国在欧盟内部的地位不断上升，所以不时地提出请求，要与美国、俄罗斯或者德国分享领袖地位。此外，法国还一直在谋求做那个不伦不类的“地中海联盟”[1]的领袖。德国越来越喜欢玩俾斯麦当年玩的德俄特殊关系的把戏，这不可避免地使中欧国家感到惊恐，恳求与美国加强安全联系。

从另一个角度看，所有的欧洲国家都不愿承担严肃的责任，甚至不愿承担以北约为基础的集体安全责任。不过，欧洲人有其他方面的关切，欧洲社会日渐老龄化的人口和年轻人关心社会保障的程度要甚于关心国家安全。所以，美国变得越来越需要独

1 地中海联盟（Mediterranean Union），由法国总统萨科齐主导成立的区域性国际组织，该组织由欧盟成员国和地中海沿岸的非欧盟成员国组成。萨科齐成立该组织的原目的在于扭转土耳其致力加入欧盟的目标，但在土耳其获得保证此组织将不是取代土耳其加入欧盟的折中方案后，土耳其接受邀请参与该组织。地中海联盟于2008年7月13日在法国巴黎由成员国的领导人举行峰会，正式宣告地中海联盟成立。

立地担负起欧洲安全的主要责任，同时美国还要打消欧洲人的疑虑，答应保留“欧洲一体化和自由化”的边界。但是，这些边界是可以被逾越的，因为德国和俄罗斯的特殊关系正在形成之中，德国的商业精英简直无法抵御俄罗斯现代化的商业利益的吸引（意大利和其他一些国家也很感兴趣）。在欧盟内部，一些国家不仅希望获得特殊的商业利益，还希望改善与俄罗斯的政治关系，所以欧盟面临着因地缘政治引发的分裂，而且分裂的可能性正变得越来越大。

上述情况尤其令人感到既遗憾又担忧，因为建立欧盟的计划是一件极具潜力的事，东欧的民主化和社会变革都有赖于欧盟。欧盟扩大后，中欧国家进入欧盟（冷战时被称为东欧），该地区出现了意义深远的制度改革和社会基础改革，最突出的例子是波兰，波兰对毗邻的国家乌克兰和白俄罗斯的人们来说越来越是个有吸引力的榜样。随着时间的推移，欧洲的榜样作用将会对土耳其和俄罗斯的变革产生真正的推动力。如果欧洲在地缘政治方面表现得再积极一些，同时美国也更加积极地参与进来，又有共同的长远目标的指导，那么土耳其和俄罗斯会愿意加入更广大而有活力的西方社会。

然而，为了实现这个目标，需要长期的远景和战略。但是，这两者今天的欧洲和美国都不具备。可是，在地理上异常遥远的韩国却发生了一件具有讽刺意味的事情。2010年秋，韩国的一家主要报纸发表了一篇文章，敏锐地对欧洲的自我放纵提出了批评，这篇文章坦率地说：

当然，突然指责欧洲变成了一潭政治死水是错误的。但是，欧洲人确实需要认真思考一下，欧洲按照当前趋势发展40年后会是个什么样子。今天，欧洲需要清楚地定义自己的利益和责任是什么。在这个世纪里，欧洲将面临大量的不利因素，所以欧洲需要心里有目标。此外，欧洲不仅需要明确指导欧洲行动的道德标准，还需要明确人们很想知道的欧洲领袖的道德标准。[1]

“欧洲40年后会是个什么样子？”这个地缘政治问题与欧洲及其地理上的东方的前途有极为密切的关系，欧洲和美国对这个问题有同样的关切。欧洲扩大后的东部边境应该在哪里？西面的边境呢？在加入扩大后的西方后，土耳其和俄罗斯应该发挥怎样的作用？相反，如果土耳其和俄罗斯由于欧洲人的偏见和美国人的反对而被排除在欧洲或者说西方之外，欧洲和美国将会得到什么样的后果？

在土耳其，其正在进行但尚未完成的变革事实上从一开始就以欧洲为样板。1921年，“青年土耳其”运动的领袖阿塔图尔克（Ataturk）（穆斯塔法·凯末尔）宣布，他要把土耳其种族从四分五裂的奥斯曼帝国转化为一个欧洲式的现代世俗国家，这个国家就是土耳其。在最近的一段时间里，土耳其的现代化进程转变为民主化进程，这个进程从某种程度上是因为土耳其想更加明确地成为统一的欧洲的一部分。早在20世纪60年代，在欧洲人的鼓励下，土耳其人就形成了加入欧洲的雄心，并在1987年提出加入欧盟的正式申请。欧盟对此做出了反应，于2005年正式开始土耳其加入欧盟的谈判。虽然最近有几个欧盟成员国在土耳其入盟问题上表现出犹豫的态度——法国和德国在这方面尤为突出——但是，具有真正西方式民主政治形式的土耳其，加入欧盟确实存在地缘政治的现实意义，如果土耳其不仅是北约成员国，而且还能牢固地成为西方的一部分，那么土耳其就能为欧洲屏蔽中东地区的动荡不安。

在短期内，俄罗斯加入欧盟的问题会比较多。但是，从长远来看，欧洲与俄罗斯建立类似与土耳其的关系是具有积极意义的，与俄罗斯进行长远的战略协作变得具有历史迫切性。应当承认，苏联垮台后20多年来，俄罗斯至今没有明确自己的定位，总是怀念过去的时光，在某些方面过于嚣张。俄罗斯全力打造“共同经济空间”（在克里姆林宫庇护下），其覆盖范围包括苏联的地区，这自然引发从苏联独立出来的国家的警惕。俄罗斯精英中的主要人物，依然努力冲淡与大西洋彼岸的种种联系，始终对中欧国家想融入欧盟和北约不满，甚至担忧经济实力大增的中国会对其矿藏富饶、人口稀少的远东地区有所图谋。

与此同时，俄罗斯的中产阶级在政治上变得越来越重要，他们明确采用西方的生活方式，而越来越多的俄罗斯知识分子则更加公开地表达想融入当代西方的意愿。有一个问题已经在俄罗斯上流社会阶层蔓延开来，那就是“现代化和民主化的关系是怎样的”。甚至克里姆林宫内一些思想顽固的政治精英也加入其中。越来越多的俄罗斯人意识到，只有彻底地改变俄罗斯与西方的关系，也许才符合俄罗斯生死攸关的长期利益。

几乎同时，欧亚大陆的东半部正面临越来越大的地缘政治不确定性。亚洲变得越来越活跃，在地缘政治上的竞争也越来越激烈，这不是个好征兆，因为如果不加以谨慎的限制，亚洲就会让人预兆不祥地回想起在过去200年里冲突不断的西方。中国的雄心开始逐渐更公开地显露出来，民族主义的自信正在逐渐撕碎官方小心谨慎维护的低调、国家现代化和历史耐心的面纱。目前中国与日本、印度正在竞争地区卓越地位，不过竞争的基本性质仍然属于外交和经济层面。但是，中国有能力——并且或许有意愿使用武力，这一点在进行地缘政治判断时变得越来越值得关注。中国和印度一旦使用武力，结果将特别可怕，因为双方都有核武器，而且另一个有核国家巴基斯坦也将身陷其中。如果真是这样，那么崛起的新东方就会变得非常动荡，如同过去的西方。

正如我们早先评述过的那样，欧亚大陆的东部正在崛起，其西南区域危机四伏。这个区域被称为“世界的巴尔干”[2]，地理上包含中东、伊朗、阿富汗、巴基斯坦，美国是唯一在该区域用兵的外部势力，这里的冲突有蔓延至中亚的可能性，因为俄罗斯北高加索穆斯林居住区的暴力冲突已经愈演愈烈。中亚地区有不少新建立的国家，每个都有可能爆发内乱，因而倍感不安，这些国家都想与外部世界增加联系，谋求既不被俄罗斯控制，也不被中国左右。从目前的情况看，欧亚大陆在政治上已经觉醒，但缺少共同的政治框架，其地缘政治的稳定性令人怀疑。

一百年前，开拓性的地缘政治思想家哈罗德·麦金德尔（Harold Mackinder）把欧亚大陆称为关键的“世界之岛”，并且推断说，“谁能统治这个世界之岛，谁就能摆布世界”。历史上，曾经有三位手操战争机器的残忍主人几乎“统治”了这个世界之岛。成吉思汗依靠惊人的军事才能，几乎实现了这个宏图伟业，但他征服“世界之岛”的历程在中亚的边缘处停顿下来。他无法解决路途遥远、兵力不足带来的问题，不久薄弱的蒙古帝国外延就被最初被蒙古人征服了的人口同化了。

希特勒在征服了欧洲之后，沿着与成吉思汗相反的方向施展宏图，但他获得了与成吉思汗类似的结果。如果在纳粹德国入侵苏联的同时，日本能从东面进攻苏联，希特勒就有取胜的可能性。然而，希特勒失败了，苏联军队攻入位于欧洲中心的堑壕密布的柏林西部。中国共产党取得中国的胜利后，斯大林建立起中苏联盟。斯大林利用该联盟企图把美国赶出朝鲜，这时的斯大林几乎实现了对整个欧亚大陆的控制。然而，西方建立起北约，东方的中苏同盟关系在斯大林死后陷入痛苦的纷争之中，至此共产主义阵营统治“世界之岛”的可能性迅速烟消云散了。

考虑到亚洲最近变得十分动荡，国际关系异常复杂，政治上也觉醒了，这样的现状意味着没人能实现麦金德尔的断言——“谁能统治这个世界之岛，谁就能摆布世界”。由于美国已经浪费了20年的时间，所以美国在处理欧亚大陆新的权力现状时必须更加敏感和反应迅速。无论一个国家多么强大，它都无法单枪匹马地统治世界，特别是如今实际上涌现出许多新的地区性的强国。所以，美国在欧亚大陆的努力必须是谨慎、长期和及时的，努力的目标应该是建立起一种广泛的欧亚大陆地缘政治平衡，这种平衡不仅要包容西方老牌强国，还要包容东方的新兴强国。

从本质上来说，为了实现上述目标，美国与欧亚大陆各方交往的核心是要在塑造一个更加有活力、更加广大的西方的同时，还要向崛起中的欧亚大陆东部提供帮助，平息各种不安和对抗。这是一项复杂的任务，它要求美国在未来数十年里采取不懈的努力，通过欧盟、北约这样的机制，将土耳其、俄罗斯与西方联系在一起，由于西方已经包括了欧盟和美国，所以美国的努力还应该力求使土耳其和俄罗斯发生变革。如果美国的努力可以稳步推进，并且沿着正确的方向取得实效，那么它就可以帮助欧洲形成一种战略目标意识，这是欧洲目前最需要的，因为欧洲正面临着威胁，这种威胁不仅源自欧洲正滑入越来越不稳定的状态，而且还源自因地缘政治观点不同而产生的分裂局面。与此同时，美国与亚洲的战略对接应该经过仔细的调整，目的是要培育与中国的合作关系，在此过程中还必须谨慎地调和中国与美国盟友日本的关系，以及中国与印度、印度尼西亚等和美国友好的重要国家的关系。如果做不到这一点，亚洲各国就会陷入相互敌对之中，或者陷入对中国的恐惧之中，这种状态不仅会损害亚洲在世界事务中的潜在地位，还会破坏地区稳定。我们面临的任务是把长远的地缘政治远景转化为一个既符合历史规律又在政治上有吸引力的战略，通过实施这个战略，一方面促使西方实现具有现实意义的复兴，另一方面利用一个更广泛的合作框架促进东方的稳定。

2. 更广大和更具活力的西方

本书前面讨论过“衰落中的西方”和“美国梦的消逝”这两个问题。但是，这两个问题并非历史的必然结果。美国的实力是有可能恢复的。如果美国和欧洲为了共同的目标一起努力，就可以塑造出一个更广大和更具活力的西方。进行如此长远的努力需要一个明确的出发点，那就是要承认历史现实——今日的欧洲仍是未竟的事业。除非西方采取行动，否则现实不会改变。西方必须保持战略上的冷静和谨慎，然后平等地去拥抱土耳其，同时还要与俄罗斯在政治上和经济上进行对接。如此扩大的西方，就可以帮助欧亚大陆在演变过程中仍能维持稳定，同时使西方重现其历史上的辉煌。

那条分割欧洲与俄罗斯、土耳其之间的界线是抽象的地理概念。布格河（分割波兰和白俄罗斯）不是东欧地理和文化的界线，普鲁特河（分割罗马尼亚和乌克兰）也不是，那瓦河（分割爱沙尼亚和俄罗斯）仍然不是。位于俄罗斯腹地的乌拉尔山脉常被地理书籍看作欧亚之间的界线，但它仍然不能划分出欧洲和亚洲。把博斯普鲁斯海峡作为欧亚的分界线甚至更没什么意义，这条海峡把地中海和黑海连接在一起，土耳其的首都伊斯坦布尔被说成位于“欧洲”，但位于航道另一边的市区被说成位于“亚洲”。[1]

有关欧洲文化边界的传统概念更加误导人。根据生活方式、建筑风格和社会习俗，俄罗斯远东的符拉迪沃斯托克比喀山（鞑靼斯坦共和国首都）更加欧洲，但喀山在符拉迪沃斯托克西面数

---

1 菲利普·约翰·冯·斯特赫伯格（Philip Johan van Strahlberg），瑞典地理学家，他曾早在1700年左右旅行穿越了俄国，他写了一本名为《东北欧和亚洲的历史地理描述》的书，使欧亚分界线这一说法广为人知(London: W. Innys and R. Manby, 1738)。

千英里之外的俄罗斯联邦的欧洲部分。安卡拉是土耳其的首都，位于安那托利亚平原上，从地理上来说属于亚洲，却跟亚美尼亚共和国首都埃里温一样是个彻头彻尾的欧洲城市，尽管埃里温在安卡拉的东面500多英里之处，却被认为属于欧洲。

至今，俄罗斯和土耳其都不被视为欧洲国家，而且土耳其被视为更不欧洲。做出这个判断的标准，既不是地理因素，也不是生活习俗因素，而是一种很难精确地加以定义的矛盾心理，其目的就是要规定西方在后帝国主义时代的政治特征和文化特征：不仅包括一些宗教信仰、哲学原理（特别是有关个人圣洁方面的原理），还包括了被广泛接受的公民权利的想法，而这种想法必须明确地铭刻在民主国家宪法的法律条文之中。虽然俄罗斯人认同这些概念，但俄罗斯的政治体系没能够反映出来。土耳其人在实践中能满足大部分要求。这两个国家都宣称它们已经在文化和社会上都属于欧洲了。它们都尽量贬低自己国家历史上曾经有过的异常有特点的所谓“东方专制统治”。土耳其人指出，土耳其在现代化的进程中，已经通过制度安排把宗教和国家管理分割开来，并且土耳其变得越来越民主。俄罗斯人强调了几点，彼得大帝当时已经有意把俄国进行了欧化，近代的共产主义运动基本上可以被视为一次偏离正轨，俄罗斯的东正教是欧洲人基督教的有机组成部分。

虽然如此，俄罗斯人和土耳其人是两种在文化上截然不同的帝国的继承人，各自继续按照自己的方式融入欧洲。这两个国家都有辉煌的过去，它们的辉煌与欧洲的不同，而且基本上是在对抗欧洲的时候获得的。两者都经历过沉重的失败。在19世纪，土耳其被打上“欧洲病夫”的标签。在20世纪，俄罗斯两次被视作“欧洲病夫”，第一次是在布尔什维克革命之前，第二次是在苏联共产主义崩塌之后。两者都否定了各自的帝国背景，但不能彻底抹除各自的地缘政治野心，或者说无法抹除各自内心的历史意识，因为它们都执意要重新定义自己的未来。

在20世纪，土耳其的变革比共产主义的俄罗斯更成功一些。凯末尔在1924年（三年前，土耳其宣布自己不再是帝国）突然对土耳其进行大规模的变革，这场变革非常成功。土耳其断绝了与阿拉伯—伊斯兰的联系，突然（几乎是一夜之间）用西方式的字母文字取代了阿拉伯文字，而且还从政府机构中铲除了宗教元素，甚至改变了对人们的着装要求。在接下来的几十年，它意志坚定地被定义为在世俗的国家里逐步打造了日益民主化的进程。

土耳其与俄罗斯不同，它没有陷入摩尼教式的内部凶杀之中，也没有堕落为极权主义国家。凯末尔具有一种神秘的民族主义野心，这在年轻、热情洋溢的土耳其青年中很有感染力，但他的野心不是依靠野蛮、致命的恐怖来维系的。土耳其没有苏联的古拉格集中营，土耳其人从来不夸口说自己在国内的做法是普世的、具有历史必然性。从结果上看，土耳其人的社会实践没有苏联式的全球野心，却在国内取得了更大的成功。

土耳其的方式非常引人注目，因为土耳其成功地摆脱了帝国式的野心，把国民的热情转移到投身社会现代化上。凯末尔有一种历史性的远见，在他的远见之中，目的和手段是平衡的。他坚定地宣传自己的远见，所以土耳其才避免了斯大林主义的倾向，斯大林主义包含了太多的列宁主义者的乌托邦主义和普遍主义。凯末尔的远见还帮助土耳其人顺利地适应了丧失帝国地位后的失落感，这与俄罗斯的情况形成鲜明对比。在俄罗斯，有一部分社会精英仍然怀念着不久前才丧失的多民族帝国。

在过去20年里，土耳其平稳地推进宪政民主制度，而且运作良好。土耳其之所以能做到这一点，是因为土耳其想加入欧盟。欧盟在数十年前就邀请土耳其加入，但提出的特定条件是，土耳其必须满足欧洲的民主标准。不过，土耳其平稳地推进民主这个事实，还反映出另一个重要方面，那就是土耳其人逐渐地把民主看做自己的生活方式。土耳其的民主制度仍然脆弱，尤其是它目前还无法保障新闻自由。但是，土耳其军方已经可以做到默许自己不喜欢的选举结果和宪法修改，这表明了土耳其民主制度的生命力。在民主方面，土耳其显然领先于俄罗斯。

继续世俗化将会对土耳其的民主发展具有关键作用。土耳其的世俗化是凯末尔在1924年以自上而下的方式强迫推行的。所以，许多欧洲人以及甚至一些土耳其人现在害怕最近几十年来民主化进程加速后会出现不良后果。政治开放度高了，极端的宗教示威活动有可能会重新抬头，这些示威活动会要求把宗教置于社会事务的首位，甚至要求把宗教身份置于国家身份之顶。不过，至少到今天还没有出现这类的不良情况。有迹象表明，土耳其的民主制度逐渐稳固后，宗教极端主义的吸引力会减弱。例如，根据一所土耳其大学的民意调查，1999年至2009年间，伊斯兰教教法的公众支持率从25%下降到10%左右。如果土耳其与欧洲的关系能变得更密切，土耳其社会将变得更能接受世俗政府。

还有一点非常重要，土耳其已经与西方（特别是欧洲）有广泛的联系，而且都是在非常重要的方面。从北约创立之日起，土耳其就是该组织坚定的成员，比一些欧洲成员国更愿意在实际战斗中帮助北约。土耳其有北约第二大的常规军队。土耳其在冷战期间与美国维持着既全面又敏感的防卫联系。多年来，土耳其花费了大量的艰苦努力，对民法和宪法进行必要的修改，使之与欧美的标准匹配。所以，从某些重要的方面看，土耳其已经成为欧洲非正式的延伸，自然这个说法对西方也成立。这已经是事实，只是还没有被法律认可而已。

在今天的国际舞台上，土耳其是个基本上实现了世俗化的国家，而且变得越来越现代化，并且开始在奥斯曼帝国原有疆土上取得优势地位。土耳其的新外交政策，深受具有地缘政治思维的外交部长阿赫迈特·达乌特奥卢（Ahmet Davutolu）（“战略深度”这个概念出自他的手笔）的影响。这个外交政策有个前提，土耳其应该是奥斯曼帝国原疆土所对应地区的地区性强国，该地区包括黎凡特、北非、美索不达米亚。提出这个外交政策的动机不是基于宗教考虑，而是基于历史性的地缘政治。达乌特奥卢有个合理的假设，他认为与邻国的关系和睦比敌对好。在这个假设的基础上，达乌特奥卢提出一项计划，考虑到土耳其目前是世界排名第17的经济体，土耳其应该能利用这样的社会经济实力重建土耳其历史上曾经拥有过的关系，这些关系在20世纪曾因为凯末尔的以世俗化为中心的政策和土耳其人的民族主义倾向而被削弱。

此外，随着苏联的解体，在原奥斯曼帝国疆土之外出现了新的独立的中亚，该地区基本上拥有土耳其文化传统，正在向土耳其招手示好。对这个蕴藏着大量能源但仍然属于欠发达的地区而言，如果土耳其能在该地区扩张商业和文化影响，就能帮助该地区加快现代化的步伐，从而变得更加世俗化和民主化。有一点值得评述一下，俄罗斯企图垄断中亚的能源输出，在这种情况下，如果土耳其能增强在该地区的作用，并借助阿塞拜疆和格鲁吉亚的协助，就可以帮助欧洲在不受到任何干扰的情况下获得从里海一直到中亚地区的石油和天然气资源。

土耳其迈向现代化和世俗化的步伐越来越有希望。当然，土耳其在某些方面的进展仍然显得缓慢，譬如新闻自由、教育、人类发展（见表4.1）。如果土耳其人感到自己永远被欧洲拒绝在外，那么土耳其人已经培养出来的爱国自信将会变成长期的反对西方的敌意。在欧洲内部，有各种力量反对土耳其加入欧洲的热切愿望，尤以法国和德国为甚。反对的原因是个很不确切的信念，它们觉得土耳其是异质文化，象征着入侵，而不是伙伴关系。85年前，土耳其人启动了前所未有的努力，以欧洲为榜样转化自己的社会和文化。如今，土耳其人变得非常愤慨，因为他们至今仍然被欧洲排斥在外。如果土耳其的民主实践失败，那么土耳其就可能转身变成一个好斗的伊斯兰政体，或者变成某种形式的非民主军事政权的附庸。如果上述两种情况的任何一种发生了，那么土耳其不仅不会保护欧洲不受中东问题和狂热的侵害，而且会把这些挑战放大，再通过巴尔干输送入欧洲。

万一美国和欧洲未来仍然无法实现以色列与巴勒斯坦之间的真正和平，并且/或者美国陷入与伊朗的直接冲突之中，局势可能

表4.1 土耳其和俄罗斯的全球表现排名和全球人口统计排名

土耳其和俄罗斯的全球表现排名

指标	土耳其名次	名次在土耳其前后的国家	俄罗斯名次	名次在俄罗斯前后的国家
政治自由度[1]	某种程度的自由		不自由	
新闻自由[2]	101	与阿尔巴尼亚等3个国家在同一组	174	也门173，刚果175
国家贸易的后勤供给[3]	39	斯洛伐克38，沙特阿拉伯40	94	格鲁吉亚93，坦桑尼亚95
人类发展[4]	79	秘鲁78，厄瓜多尔80	71	阿尔巴尼亚70，马其顿72
教育[5]	109	沙特阿拉伯108，圣文森特和格林纳丁斯110	42	瑞士41，比利时43
环保表现[6]	77	亚美尼亚76，伊朗78	69	埃及68，阿根廷70
经济竞争力[7]	61	斯洛伐克60，斯里兰卡与马来西	63	斯里兰卡62，乌拉圭64
政府腐败认知度[8]	56	亚和纳米比亚在同组62	154	也门146，刚果共和国164（有9个国家与俄罗斯同组）
创业精神[9]	43	南非42，墨西哥44	57	泰国56，突尼斯58

注释

1.《自由度》，美国众议院全球自由度报告2010　2.《自由度》，美国众议院全球自由度报告2009

3.世界银行后勤供给表现指数（LPI）2010　4.联合国开发计划署人类发展指数（HDI）2009

5.联合国开发计划署教育指数2009　6.环境表现指数（EPI）2010

7.世界经济论坛发布的全球竞争力指数（GCI）2010-2011　8.透明国际腐败认知指数（CPI）2010

9.阿克斯-斯兹伯全球创业发展指数（GEDI）2010

土耳其和俄罗斯全球人口统计排名[10]

人口指标	土耳其的名次	数字	俄罗斯的名次	数字
人口	17	77804122	9	139390205
人口增长率	97	1.272%	???	-0.465%
出生率	107	每千人18.28	176	每千人11.11
死亡率	164（低）	每千人6.1	7（高）	每千人16.04
寿命	126	72.23	161	66.16
生育率	115	每个妇女2.18	200	每个妇女1.41
艾滋病流行率	155（低）	少于0.1%	52（高）	1.1%
艾滋病人	无数据	无数据	13	940000
艾滋病死亡率	无数据	无数据	13	每年40000

注释

10.根据美国中情局发布的《世界概况》2010年的估计值。

会变得很危险。对前一种情况而言，结果将是中东极端主义倾向加剧，这将间接导致土耳其对西方的态度恶化；后一种情况将恶化土耳其的安全局势，如果冲突引发库尔德人的暴动，继而引发伊拉克的不稳定，那就会给土耳其的安全带来特殊威胁。土耳其人会变得非常愤恨，因为他们觉得自己的国家利益不仅遭到西方漠视，而且还受到危害。

土耳其与欧洲长期处于分离状态，有可能变异出敌意，这将是一种政治倒退，宗教激进势力就会复活，土耳其的现代化进程便会终止。最坏的情况是发生类似于伊朗在1978年爆发的推翻伊朗王朝的事件，上述的分离状态甚至有可能毁坏凯末尔的传奇。这样的结果从历史和地缘政治的角度看都是不幸的，根本理由有三个：第一，土耳其的国内民主化进程和不断扩大的现代化向世界证明，民主化和现代化与伊斯兰传统并不矛盾。这个证明，对伊斯兰世界和全球的稳定性都具有巨大的重要性。第二，土耳其承诺与其中东邻国保持合作关系，该地区在历史上是土耳其的领地。土耳其的这种承诺与西方在该地区的安全利益是一致的。第三，土耳其变得越来越西方化、世俗化，同时仍然信奉伊斯兰教。如果土耳其利用领土和文化方面的联系与奥斯曼帝国原有疆土上的人们交往，与苏联垮台后出现的中亚国家交往，那么这样的土耳其，不仅能够削弱伊斯兰极端主义的吸引力，还能增强地区的稳定性。这不仅对它自身有利，而且对欧洲和俄罗斯都有利。

与土耳其不同，俄罗斯与欧洲的关系是矛盾的。俄罗斯的政治精英宣称他们想与欧盟、北约保持更加紧密的关系，但他们不愿为此马上进行必要的改革。俄罗斯的社会、政治、经济改革计划缺少重点，改革的前途依然不确定。尽管如此，对美国人、欧洲人和俄罗斯人来说，在俄罗斯和西方之间形成伙伴关系是必需的，这种关系的根基是共同的政治和经济价值观。未来的20年对俄罗斯来说非常关键，因为俄罗斯将决定是否与西方发展更大的协作关系，当然也要包括真正的政治关系。

俄罗斯以历史作为根据认为自己太强大了，不满足于只做一个普通的欧洲国家，但它想长期统治欧洲又显得太弱。有一点值得注意，俄罗斯至今所取得的最伟大的军事胜利有两个：一是沙皇亚历山大于1815年胜利进军巴黎，二是斯大林于1945年年中在波茨坦举办庆祝晚宴。这两次伟大的胜利，更多的是因为敌人的愚蠢，而不是因为俄罗斯的政治才能取得的永久成功。如果拿破仑没在1812年进攻俄国，就没人知道俄国是否能在1815年挺进巴黎。在沙皇亚历山大实现凯旋之后不到50年，俄罗斯在克里米亚战争中被从海上远道而来的英法远征舰队打败。又过了50年，到了1905年，俄国在远东被日本陆军和海军击溃。在第一次世界大战中，俄国被德国彻底击败，而德国那时要在双线持久作战。斯大林在20世纪中期的胜利是因为希特勒的愚蠢，这才使苏联控制了东欧，深入到了欧洲腹地。这次胜利之后的50年里，苏联控制的共产主义阵营在与美国进行的冷战过程中解体了，俄罗斯帝国本身也随之分崩离析。

尽管如此，现代的俄罗斯已经不是一个帝国，由于俄罗斯地广人稀的疆土上蕴藏着丰富的自然资源，所以这个国家命中注定要在世界舞台上扮演重要角色。从历史的角度看，俄罗斯作为一个主要的国际竞争者，没有展示出像英国那样精巧的外交，达不到像美国那样既喜好民主又富于商业才干，做不到像中国那样既自制又有历史自信。俄罗斯没能理顺国家政策，所以就无法很好地利用自身的自然资源、非凡的地理空间、突出的社会人才，以至于社会发展不平稳，无法为世界树立社会发展的典范。相反，俄罗斯往往是在爆发出一阵狂欢和救世主般的自恃之后陷入消极的阴暗。

此外，虽然俄罗斯因其广袤的疆土自动成了一个大国，但人们的生活条件与其在世界上的地位不相符。俄罗斯社会的债务水平很高，人民生活水平一般，全球普遍认识到俄罗斯的这种形象，没人相信俄罗斯有能力实现其国际雄心。俄罗斯面临着严重的人口危机，死亡率很高，人口是负增长，这是社会管理失败的证据。俄罗斯男性酗酒严重，道德败坏，导致寿命相对比较短。与此同时，在俄罗斯的南部边界上，出现了伊斯兰骚乱，那里的局势变得越来越不确定。俄罗斯空旷的东部边疆有邻居中国，中国人口稠密，而且越来越强大，这肯定会与俄罗斯那种大国特有的傲慢相碰撞，俄罗斯几乎无法掩盖自己对中国的焦虑。

在将土耳其和俄罗斯的社会发展进行比较的时候，我们看到俄罗斯有几项很领先，俄罗斯的国土排名第一，人口第九，核武器第二。但是从整体看，俄罗斯的排名比土耳其要差，只能排在世界排名的中间位置上。在寿命和人口增长方面，俄罗斯的排名之低令人不安。综合来看，俄罗斯和土耳其的排名呈现出一些矛盾的现象。这两个国家在某些方面是发达工业国家，但在另一些方面有待发展。俄罗斯的政治体系是不民主的，腐败成风，这使俄罗斯处于劣势。俄罗斯有很多严重问题，譬如人口危机、政治腐败、早就过时的资源驱动型的经济模式、社会发展迟滞。这些问题严重阻碍俄罗斯真正地实现其雄心。俄罗斯有雄心是可以理解的，因为俄罗斯人非常有才华。不过，俄罗斯的人才经常受到不公正待遇。前面的表格（表4.1）补充说明了一个道理，土耳其和俄罗斯如果能与欧盟建立起真正的变革性的关系，这两个国家都将会受益。借助与美国的联系，欧盟有能力以自信的方式接触东方。

此外，俄罗斯还有一个特殊问题。俄罗斯一直顽固地漠视法治原则，这也许是俄罗斯与西方进行明智的交往中最大的障碍。如果不给予法律制度上的最高权力，虽然俄罗斯可以采用西方式的民主形式，但只不过是肤浅的模仿而已。这样的法律现实助长了腐败和侵害公民权利的行为。这实际上是俄罗斯的传统，因为俄罗斯历史上一直要求社会服从国家。

还有一个因素使情况变得复杂。目前，俄罗斯的外交政策精英有一种与土耳其人截然不同的地缘政治取向，这种取向是矛盾的，在某些方面带有逃避现实的色彩。目前，俄罗斯与土耳其在对待北约这个问题上有截然不同的态度。俄罗斯没有明确表达希望通过取得北约的正式资格，从而最终成为其经济、政治、安保体系的成员的热切愿望。实际上，在俄罗斯的政治和商业精英中，存在着多种有关俄罗斯全球地位的解释。许多俄罗斯富豪（特别是圣彼得堡和莫斯科的富豪）希望俄罗斯成为一个现代化的、欧洲式的社会，因为这样他们能获得经济好处。但是，许多政治精英希望俄罗斯能迫使美国离开欧洲，从而使俄罗斯成为欧洲占主导地位的国家，甚至希望俄罗斯成为与美国对等的世界强国。还有一些俄罗斯人似乎沉醉于几个迷人的概念，譬如“欧亚主义”“斯拉夫联盟”“俄中反西方同盟”。

信奉“欧亚主义”的俄罗斯人，被俄罗斯巨大的地理疆界迷惑，认为俄罗斯是个伟大的欧亚国家，严格来说既不是欧洲国家，也不是亚洲国家，命中注定要与美国和中国平起平坐。这些人没有意识到俄罗斯巨大的跨欧亚国土实际上是渺无人烟的旷野，仍然处于未开发的状态，他们的战略只是幻想而已。把这个概念稍微改动一下就形成了“俄中同盟”的概念，其实质就是与美国对抗，但它依然是个逃避现实的概念。事实有可能让许多俄罗斯人感到痛苦，即使中国真的愿意，该同盟中的俄罗斯也只能扮演次要角色，而且很可能要丧失国土给中国。

仍然有一些俄罗斯人怀抱着斯拉夫联盟的梦想，在这个联盟中，克里姆林宫是庇护者，参加国包括乌克兰和白俄罗斯，这些国家在前俄罗斯帝国和苏联的地盘上享有“特权”。这些人低估了民族主义的吸引力，民族主义实际上有很高的传染性，它在乌克兰青年和白俄罗斯青年中间特别流行，因为他们刚享受到主权国家的地位。那种建议与具有统治地位的俄罗斯建立“共同经济空间”的想法，无法掩盖一个基本事实，那就是俄罗斯所谓的经济好处只是个虚构，根本无法压制住拥有独立民族和独立政治带来的自豪感。所以，如果俄罗斯施压让乌克兰和白俄罗斯加入“斯拉夫联盟”，就有可能使俄罗斯陷入与邻国的长期矛盾之中。

最后，莫斯科与西方之间还有一个影响关系的障碍，那就是俄罗斯对斯大林时代暧昧的态度。德国已经在历史上彻底否定了纳粹。但是，俄罗斯与德国不同。虽然俄罗斯也曾正式谴责那些历史上直接对血腥罪行负责的人，但依然尊敬这些人。列宁的遗体依然被保护在可以俯瞰莫斯科红场的列宁墓之中供人瞻仰。斯大林的骨灰被安放在附近克里姆林宫的墙中（如果在柏林为希特勒做点儿类似的事，那将会破坏德国的民主信誉）。在俄罗斯官方的历史书中，有个问题很含糊，那就是不明确地指控列宁和斯大林的政权。俄罗斯官方不愿意彻底地与丑恶的苏联旧时代决裂。这一点反映在普京对这个问题模棱两可的态度上。普京本人对苏联的伟大有一种怀旧之情。这样的态度已经阻碍了俄罗斯民主化的进程，同时也阻碍了俄罗斯与大多数西方邻国改善关系。

如果俄罗斯变得孤立无援，被有意地排除在更宏大的民主变革框架之外，那么俄罗斯将再次变成冲突的策源地，甚至变成邻国的安全威胁。[1]俄罗斯面临着许多问题：领导层缺少实力和意志去推进现代化；越来越意识到社会发展缓慢（只有莫斯科和圣彼得堡的生活水平能与西方相比）；因为中国的实力不断增长而心神不安；怨恨美国继续保持世界范围的优势地位；一方面对自己广袤富饶的领土感到无比自豪，另一方面对远东地区的人口减少和普遍的人口危机感到焦虑；对境内的穆斯林在文化上和宗教上变得越来越离异感到惊扰。面对如此多的问题，俄罗斯一直都不能为自己定义一个稳定的角色，使俄罗斯在雄心和实际能力之间达成真正的平衡。

在短期内，思想僵化的俄罗斯政治精英是阻止俄罗斯人接近西方的障碍。这些精英都来自国家执法机关，怀念着过去的帝国时代，在公众场合总是谈论民族主义话题。实际上，普京就是一个典型。普京很有可能在2012年取代梅德韦杰夫成为俄罗斯总统，如果他不能再次当选总统，他也会去限制梅德韦杰夫雄心勃勃的民主抱负。普京非常坦白地表达了自己对俄罗斯现代化的看法，他认为俄罗斯所需要的现代化是俄罗斯和欧洲的联合项目，

1 2007年春末，爱沙尼亚在拆除了首都一处苏军的雕塑后，受到大规模的网络攻击，攻击来源不明。2009年，俄罗斯在西部边境展开一次大规模军演，代号“西方”，军演模拟对西方入侵者进行反击（未说明是谁），军演的高潮是对西方邻国实施核打击（也未说明是谁）。尽管俄罗斯和中国经常相互示好，但俄罗斯于2010年在西伯利亚东部展开一次大规模军演，代号“东方”的军演模拟一支敌军威胁俄罗斯远东的领土完整。

其目标应该是赶走美国人，而不是民主化。为了吸引德国的商业兴趣，普京亲自于2010年11月15日在《南德意志报》写了一篇引人注目的文章，文章的题目是《从里斯本至符拉迪沃斯托克的经济共同体》。与梅德韦杰夫强调民主化不同，普京在文章中清楚地表达了自己的看法，他认为，欧洲或者具体说德国介入俄罗斯现代化进程主要是为了欧洲人能获得利润，不应该把俄罗斯政治的西方化作为先决条件。

俄罗斯急迫希望解决国内问题，但这有赖于俄罗斯如何做出抉择。像本书已经评述过的那样，未来十年对俄罗斯来说是决定性的；对一个更有活力的大西方的前途来说也是决定性的，但不是直接的。非常不幸，普京的远景是一种倒退，因为它包含了好斗的民族主义、对美国赢得冷战不加掩饰的敌意、期待恢复现代性和超级大国地位（他希望欧洲资助他实现这个目标）。他想塑造出的国家非常类似于意大利的法西斯政权：性质是高度独裁的政府（但不是极权主义的政府），在政治精英和商业精英之间有一种共生关系，意识形态是不加掩饰的、夸张的狂热爱国主义。

头脑冷静的现实主义要求俄罗斯谨慎行事，所以俄罗斯需要谨慎地挑选谁来公开宣布外交政策，甚至与北约改善关系的政策都需要专人宣布。私下与莫斯科的“智库”机构交谈证实了这一点。这类改善关系的倡议都有一个合理的假设，那就是任何在这个方向上的举动实际上都是为了推进俄罗斯企图使北约瘫痪这个老目标。软弱的欧洲会比较容易被拆散，欧洲的内部纷争给俄罗斯传统的国家利益带来好处。

我们在前面谈到过，一些欧洲人（通常是德国和意大利商业圈的人士）认为，立刻扩大北约把俄罗斯包括进来将是获利的捷径。这种说法是在误导人。这样做的结果可能是事与愿违。俄罗斯目前的政治是独裁和腐败的，俄罗斯军事热衷于搞阴谋诡计。如果允许俄罗斯以这种状态进入北约，那么北约这个民主国家的联盟就会解散。如果允许俄罗斯对宪法不进行大幅度改革就能进入欧盟，上述结论同样成立。俄罗斯必须像土耳其那样努力去满足欧洲的民主化标准。西欧的商人（可能还有退出政坛的政客）急于从俄罗斯的资源中获利，他们在利益的驱使下，会蜂拥进入俄罗斯，根本不顾及对发展长期关系非常重要的共同价值观。这样做很可能实现不了真正的密切关系。

当然，希望还是有的。俄罗斯的上层社会，为了俄罗斯的长久未来，正在酝酿对俄罗斯的地缘政治进行重新定位。俄罗斯社会发展缓慢，落后的现实不断折磨着俄罗斯的西化论者，这些人主要来自莫斯科的智库和大众媒体。在莫斯科，这类智库和大众媒体的数目越来越多。有关俄罗斯落后的意识在四处蔓延，这增加了俄罗斯人思变的心理。俄罗斯未来很可能接受一个历史性的远景，但这个远景在战略上是慎重的，即在接触西方时要从长计议。

2009年年末，普京亲自挑选的接班人梅德韦杰夫出人意料地变成"现代化=民主化"这个政治流派的最突出的代言人，这意味着类似的观点在不断进化的俄罗斯政治派别频谱中的合法性正在提高。此前，这类观点只限于持不同政见的知识分子当中。这件事表明各种观点开始渗入俄罗斯的最上层。即使普京最终再次成为总统，或者梅德韦杰夫停止在政界坚持他的观点，但是，俄罗斯总统能宣布西方式的俄罗斯现代化必须先民主化这件事（他强烈提倡），仍是俄罗斯政治进化中的里程碑。2010年10月，我与梅德韦杰夫在莫斯科私下交换了意见，他当时说得更加坦率。

在今日的俄罗斯，主要是在莫斯科和圣彼得堡之中，显然有越来越多的人支持梅德韦杰夫的现代化远景。这些人中不仅有知识分子，还有越来越数多的数以千计的从西方高等院校毕业的学生，那些去过西方旅行的数百万人，以及越来越多的与西方做生意的企业家。另一方面，俄罗斯当今的大众媒体把西方的生活方式当做标准向听众传递，其中表现最突出的是电视台，包括大众消遣类的和严肃类的。最后但并非最不重要的还有一点，日报本来是非意识形态的，如今却报道有关美国的新闻，这伤害了帝国的自尊，所以日报经常被批评是在歪曲事实。

2009年9月10日，俄罗斯总统的官方网站向公众发布了梅德韦杰夫的宣言，其题目是“俄罗斯前进！”。该宣言严厉批评了俄罗斯的弱点，大胆地要求进行改革。该宣言的部分内容十分精彩，很值得引用：

我们当前的经济仍然反映出苏联体系的弊端：它基本上漠视个人的需要……腐败永恒地折磨着俄罗斯，其起始的时间已经变得无法追忆。时至今日，这种腐蚀都是因为过度的政府行为侵入经济和生活的许多重要方面……在我们国家的历史上，两次最大的现代化进程——彼得大帝（帝国）和苏联的现代化进程，释放出毁灭、羞辱的力量，致使数以百万计的同胞死亡……只有我们自己的民主努力，才能给予我们权利说：我们是自由的，我们负有责任，我们是成功的。民主是需要保护的。公民的基本权利和自由也需要保护。他们需要受到保护，避免受到腐败引发的暴政、不自由、不公正的侵害……怀旧不应该是我们外交政策的方针，我们的长期战略目标是俄罗斯的现代化（你可以想象得出，当梅德韦杰夫在谈及外交政策使用“怀旧”这个词时，他是在暗指谁）。

俄罗斯人最终应该做出抉择，是否要利用与西方在地理上和文化上毗邻的优势，以及俄罗斯人常谈到的对美国的好感，谨慎地把俄罗斯的现代化过程与真正的西方式的政治民主化联系在一起。俄罗斯的知识精英越来越意识到这两个过程是相互依存的；俄罗斯的商业精英则在2007年金融危机后开始认识到这个问题，这应该算是个迟到的认识；俄罗斯的政治精英正越来越担忧落后于东方新浮现的巨人。我们在前面谈到了许多有关俄罗斯的负面问题，俄罗斯人对这些问题也逐渐形成了共识，所以这说明我们应该对俄罗斯的未来抱有谨慎的乐观态度。虽然俄罗斯仍然面临着国内政治动荡的问题，但俄罗斯的未来将会变得比较稳定，东西方关系也会变得越来越紧密。

因此，如果说欧洲在没有形成与俄罗斯广泛而深入的关系的情况下，欧洲不能算是完成了使命，那么我们也可以说俄罗斯在没有与西方（特别是欧洲）实现紧密联系的情况下，俄罗斯的地缘政治前途是不安全的，其现代化的身份和民主的地位也是不能令人满意的。如果俄罗斯不试图与西方建立起信任关系，不逐步调整自己去适应西方，俄罗斯很可能就会处于非常虚弱的状态，其外部雄心会遇到过多的阻力，以至于无法成为一个成功的民主国家。所以，梅德韦杰夫在2009年9月的宣言不仅是对他的国民及时和彻底的警告，它还给出了俄罗斯唯一的选择："我们目前的国内生产能力、金融能力、技术能力还不足以使我们的生活质量产生一次质的飞跃。我们需要从欧洲、美国、亚洲获得资金和技术。作为回报，这些国家需要俄罗斯提供的机会。我们对和睦的关系，对文化和经济相互渗透非常感兴趣。"

俄罗斯政治现代化激发出的伙伴关系提供了最好的协作希望。如果要想有真正的协作，西方也需要付出努力。西方要维系跨大西洋的统一，在这个基础上，西方要追求一项具有特点的长期政策，特点之一是战略意图清楚，其二就是要与俄罗斯实现历史性的交往。战略意图清楚，意味着必须进行符合实际的分析，要保证俄罗斯只能是在加强西方，而不是在分裂西方。历史性交往意味着西方在与俄罗斯交往的过程中必须是耐心不懈的，只有这样才能获得真正持久的关系。西方的政策不仅应该充满战略思维，还应该具有历史性的谨慎，它必须坚持一条重要原则，只有欧洲与美国联手，才能充满信心地向东方进发去拥抱俄罗斯，实现具有历史约束性的关系。

西方与俄罗斯之间必须建立一种宪政民主制度，从而保证双方不仅能在外部利益上和谐一致，而且能分享共同的价值观。俄罗斯需要逐步实现普世的民主标准（通过梅德韦杰夫说的“相互渗透”）。为此，俄罗斯需要逐步深入改革俄罗斯内部的政治布局。从外部看，这样做有助于稳定地扩展与西方的社会、经济和政治关系。为了催化俄罗斯内部的变革，我们应该建立自由贸易区，提供覆盖整个欧洲的旅行自由，最终允许人们只要有合法的经济利益就能自由定居。这些是与我们要加深与俄罗斯的政治和安全联系的目标相一致的。

为了推测俄罗斯需要多长时间才能真正融入西方，我们不仅要考虑到世界地缘政治在过去40年发生的剧烈演变，还要考虑到我们的时代有个特征，那就是历史的进程急剧加速了（表4.2简要总结了自1970年至2010年这40年间所发生的地缘政治大变化）。

表4.2 历史突变的不可预测性，1970~2010年

	大西洋同盟	苏联（俄罗斯）	中国
约1970~1980年	同盟只覆盖欧洲一半的国家；欧洲担忧苏联的军备扩张；美国陷入越南泥潭，后来只好放弃。	占领捷克斯洛伐克（1968）；大规模战略扩张，威胁超过美国；宣布期待到1980年时超过强大的美国经济。	文化大革命导致国内政治骚乱；制造业约占美国的9%。
约1980~1990年	伊朗亲美王朝被推翻；美国和中国关系正常化，形成不明说的反苏联盟。	苏联入侵阿富汗；准备入侵波兰，压垮团结工会；经济发展变缓，推行经济重建计划。	在邓小平领导下进行市场经济改革；与美国关系正常化，协助美国反对苏联入侵阿富汗。
约1990~2000年	冷战后美国变成唯一超级大国；德国统一；欧洲共同体变成欧盟；北约扩展到中欧。	团结工会获得波兰政权；苏联垮台；苏联各加盟共和国独立；俄罗斯面对社会危机试验民主。	把经济改革从农村向城市推进；实现每年近10%的经济增长；推动城市改革。
约2000~2010年	美国发动“9 · 11反恐战争”；美国推翻阿富汗塔利班；美国于2003年入侵伊拉克；欧盟扩张到中欧；西方遭受大规模金融危机；美国由于债务问题和经济变缓进入系统性的危机。	俄罗斯发动车臣战争；普京恢复独裁性的国家权力；谋求成为能源大国；俄罗斯经济表现出易受全球趋势影响的弊端，社会发展停滞。	进入WTO；成为世界工厂；制造业超过美国；成为世界第二大经济体；30年的经济发展产生了2.5亿中产阶级。

为了加速培育俄罗斯和大西洋两岸的西方（欧盟代表西方的经济，北约代表西方的安全，美国是西方的总称），俄罗斯可以逐步接受真正独立的乌克兰，乌克兰比俄罗斯更急于接近欧洲，从而成为欧盟的一员。欧盟是明智的，因为欧盟在2010年11月批准乌克兰加入的计划，明确指出在2011年可以签署正式协定。如果一个对俄罗斯没有敌意的乌克兰先进入西方，这实际上是在鼓励俄罗斯向西朝着有未来利益的欧洲人的前途运动。如果不这样做，乌克兰将与西方分离，在政治上便会更加附属于俄罗斯，这会鼓励俄罗斯做出不明智的选择，走向帝国主义的老路。

在俄罗斯和西方要发展更正式、更有约束力的关系的过程中，其确切的本质可能需要几十年的演化时间，所以我们在目前这个阶段只能是猜测而已。我们需要尽可能地使这个过程在社会、经济、政治、军事层面同时平稳发展。我们可以设想在俄罗斯和西方之间出现这样的场景：双方的社会交往越来越多；法律和宪法越来越相似；北约和俄罗斯军队进行联合军演；在大西方的框架下发展新的政策协调机构。这些都将使俄罗斯更加具备加入欧盟的条件。

即使俄罗斯不是欧盟正式成员，美国、欧洲、俄罗斯（从温哥华向东到符拉迪沃斯托克）之间共同的地缘政治利益也正在浮现之中，为了形成共同政策，可以考虑建立一种正式的协商框架。由于俄罗斯向西的倾向很可能会有乌克兰的类似倾向相伴随着（乌克兰有时甚至领先），所以把这样的协商机构（也许同时可以把欧洲议会）安排在基辅[古代公国基辅罗斯（Kyivan Rus）的首都，几千年前就与西方有皇室之间的联系]。基辅的位置在东欧，土耳其的正北方，此处象征着西方生命力的复兴，表明西方领土在扩大。

展望2025年以后的世界，西方扩大布局并非没有可能。到那时土耳其也许已经获得欧盟的完整的成员资格。如果土耳其仍然有一些条件无法满足欧盟的要求，也许可以让土耳其进入一个过渡阶段。由于欧洲和美国拥有一个理智的、在战略上谨慎的大西方远景作为指导，所以使土耳其融入欧洲的过程，即使不能在短期内实现，也是可以坚持下去的。我们有理由相信，在未来20年或更长的时间里，西方和俄罗斯能形成真正有约束力的协作关系。最理想的情况是俄罗斯既加入欧盟也加入北约，条件是俄罗斯确实开展真正全面的基于法律的民主变革，这种变革同时还要满足欧盟和北约的标准。

对有关各方来说，这才是双赢的结果。这个实现过程将伴随着历史的、社会变革的、现代化的压力。对土耳其和更具体而言的俄罗斯来说，这样它们就能落实在民主世界里的位置。对乌克兰来说，这意味着国家独立。今天的欧洲，未来能提供有吸引力的新机会和新冒险。在广袤的空间和新创业机会的吸引下，欧洲的年轻人会迎接挑战“向东出发”，去东北面的西伯利亚或者东面的安纳托利亚。投入向东的运动之中，人们会感到毫无约束，周围充满了新挑战，这能提升欧洲目前的远景，眼前的欧洲人把太多的注意力放在社会保障上。跨越欧亚大陆的现代化高速公路和高速铁路，将会鼓励人们去远处移民，来自西方的人流会给俄罗斯远东人口下降的地区带去经济和人口复兴。只需几年的时间，越来越融入世界的符拉迪沃斯托克就会变成一个仍然属于俄罗斯的欧洲城市。

地图4.1　2025年之后的世界：大西方——全球稳定的核心

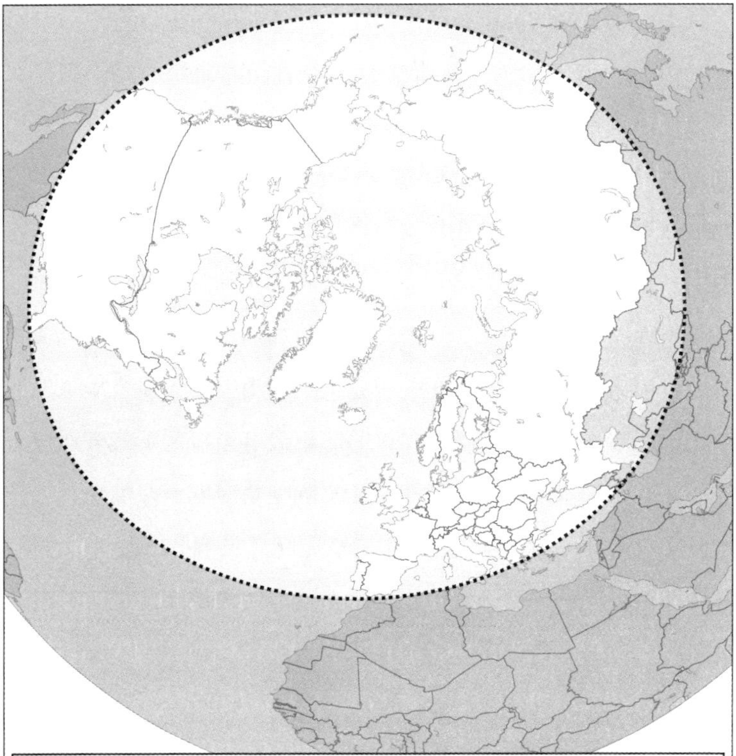

总人口：	总GDP（PPP）	总领土
11.02亿	34.459万亿美元	4030万平方公里
（15.9%的世界人口）	（46.3%的世界GDP）	（27%的世界土地面积）

计算包括：美国、加拿大、欧洲+乌克兰、俄罗斯、土耳其

来源：美国中情局《世界概况》2010年的数据

欧洲人的地盘扩大后，就能做到以多种方式包容土耳其和俄罗斯，如果此时欧洲仍然与美国有盟约，那么欧洲实际上就成为对全世界都至关重要的竞争者。扩大了的西方，由于有共同的空间和原则，就会处于比较好的位置去应对欧亚大陆某些地区出现

的宗教不宽容、政治狂热、崛起的民族主义敌意，因为大西方能提供更有吸引力的经济和政治条件。

但是，西方变大、变得更有活力后，不能仅满足于恢复对西方民主价值的历史信心。欧洲和美国必须采取谨慎态度，努力把土耳其和俄罗斯正式地融入一个更大规模的协商制度之中，协商的基础是共同的价值观和真正的民主承诺。实现这个目标需要时间和耐性；对俄罗斯来说，其过程将会更加复杂和困难，所以必须要保持冷静的现实主义态度。无论如何这都算是一个巨大的步骤，因为这块大陆在20世纪里是人类历史上最大规模屠杀的场所，曾经爆发过最具破坏性的战争，以最有组织的形式表达出人类相互残杀的残酷本性。考虑到历史的变化速度正在加快，在过去40年里全球政治已经发生了显著的变化（见表4.2），那么我们希望在21世纪的第二个25年里实现对西方的地缘政治进行扩大的远景实际上是一种过度谨慎的预见。

3. 既稳定又协作的新东方

世界的权力正在从西方向东方转移。新亚洲在21世纪会像老欧洲在20世纪那样热衷于国家之间的争斗，最终成为自我毁灭的受害者吗？如果真是这样，大灾难将降临到这个和平的世界之中。这个问题必须优先获得解答，因为猛一看就能发现今日的亚洲与昨天的欧洲有令人惊讶的相似。

20世纪初，欧洲处于全球影响力的顶峰，可是仅用30年就把自己彻底毁灭了。欧洲猛然跌落是有原因的，德国崛起了，变得越来越强大，变得过分自信，欧洲当时的体系很难容纳下德国。在今天的新亚洲，中国的崛起引发的挑战很像当年的德国。法国怨恨1870年被普鲁士打败的事，反对德国的崛起，对德国保持着警惕。现在的印度与当年的法国相似。英国虽然与欧洲大陆隔海相望，但在欧洲大陆很有影响力。当时英国没有介入欧洲事务，但肯定很关心局势的发展。在这方面，现在的日本使人想起当年的英国。最后，俄罗斯被牵扯进来，这一点虽然是放在最后说，但并非最不重要。当年德国支持奥匈帝国反对塞尔维亚，而俄罗斯在这一点上反对德国，这种对立在1914年触发了第一次世界大战。后来到了1939年，苏联与德国共谋作恶，又引发了欧洲第二轮的自我毁灭。今日的俄罗斯，因中国而焦虑，赞同印度抗衡中国。

导致欧洲大灾难的主要原因是欧洲的政治体制无法同时处理两类挑战：一是新帝国崛起引发的挑战，二是中欧的民粹主义者的狂热野心引发的挑战，这种挑战后来变得越来越强烈（欧洲的政治体制，是在一个世纪之前1815年的维也纳会议上，经几个大帝国讨价还价后确定下来的）。当今的世界，欧洲不再是中心，亚洲地区的稳定问题显然对全球的安危至关重要。问题不仅是中国在国际上攀爬上卓越的地位，还有其他问题也需要考虑，日本、印度、印度尼西亚、韩国在国际经济体系中拥有不言而喻的重要性，而把东南亚几个中等国家累积起来也不可小觑。把亚洲国家放在一起统计，虽然这些国家的数字并不一致，但亚洲代表了全球国民生产总值（GNP）的24.7%，全球人口的54%。

此外，本书在第一部分中曾经评述过，很大一部分亚洲人口的政治热情已经觉醒了。亚洲政治觉醒的本质是民族主义或宗教，这两者同时又为觉醒提供能量，它们在某种程度上都包含着难以割舍的反西方情绪（因亚洲各国的历史经历不同，所以程度有所不同）。这些反西方情绪或多或少都有一个反对帝国主义的共同主题，每段情绪都在说西方的某个部分要对过去的虐待行为负责。简言之，东方并不统一，从政治、宗教、文化、种族的角度看，东方比那个犹豫着不愿统一的西方要更加多样化。东方的政治觉醒只是最近才出现的事，它给人留下的痛苦记忆至今犹新。从整体上看，东方人都很骄傲，越来越富有，越来越强大，但东方人口基数巨大，大多数人仍然很贫困，住在非常拥挤的地方，缺乏足够的生活条件。许多东方国家相互敌对。东方的民粹主义者的热情非常不稳定，而民族主义者的热情使人想起一个半世纪前的欧洲。

亚洲的民族主义，特别是被宗教热情鼓噪的时候，会对地区政治稳定产生威胁。它们威胁着民主制度的稳定，当它们被各国间的敏感事件触发后，潜在的热情就会爆发。民族主义者会被政治口号点燃，他们释放出来的热情能产生相当大的压力，连地区的威权政府都不能阻碍。还存在一种更坏的情况，东方只有少数几个民主体系，它们别无选择，只能接受民族主义的要求，因为只有这样才能证明它们与公众保持一致。

在如此恶劣的环境下，发生冲突的可能性是很多的。有些冲突可能来自地区的权力争夺，中国和印度就是典型的例子。争夺水资源或者边境既是借口又是导火索。有些冲突来自有争议的领土纠纷，这类冲突可能变成爆炸性的政治事件，释放出猛烈

地图4.2　潜在的亚洲冲突

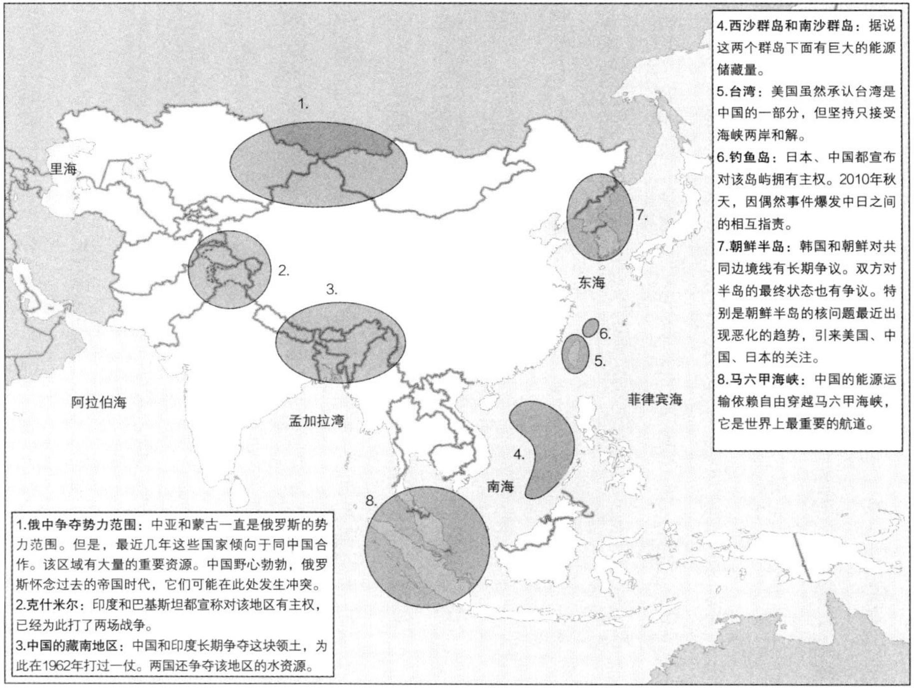

的民族主义和宗教仇恨，如果发展到极点，双方就能威胁对方的存亡。印度和巴基斯坦是这类冲突的典型。有些冲突来自绵延的历史敌意，比如日本和中国之间的冲突。有些冲突是内部不稳定的副产品和高层误判的结果，显然我们可以想到朝鲜对韩国的态度。有些冲突源自海洋权益的争夺，比如中国和日本，再比如中国和东南亚国家在南海问题上的争端。另外，衰败的俄罗斯没能成功地实现西方化和现代化，可能会怨恨越来越成功的中国扩张进入蒙古和中亚新国家获取自然资源。

中美可能引发非常严重的国际紧张状况，因为双方都无法适应政经实力对比的变化。中美之间显然存在着经济竞争和持续的金融争端，除此之外，还有可能出现突发事件，譬如台湾改变现状、美国海军出现在中国领海附近、朝鲜半岛的冲突。

最后，我们必须考虑核武器对这些地区角力的影响。新东方已经有三个公然的核武器大国（中国、印度、巴基斯坦）。第四个不那么明显的国家是朝鲜，它不断采取威胁的姿态，自命为一个核武器大国。如果美国的安全承诺不明确，日本就有能力很快变成一个核武器大国。在新亚洲的西南部边缘，伊朗也许已经在制造核武器了。缺少较大型集体安全框架的亚洲（今天的欧洲就有）面对如此多的潜在冲突，外加动荡不安的民族主义激情，人们有理由担心，在某个特定时刻引发更大规模的地区冲突，其严重程度可能会等同于或超过欧洲在上世纪经历过的恐怖灾难，尤其是核武器被派上用场的话。

但是，尽管亚洲面临大量的不确定性和不对称性，但那种认为新东方肯定会爆发破坏性的国际战争的说法显得牵强附会。尽管亚洲与20世纪的欧洲的相似性似乎很明显，但两者之间的差异也有同样重要的意义，因为21世纪全球的情况全变了，而亚洲各国间的交往历史也很独特。

第一，地缘政治现状不同。20世纪初的欧洲当时是世界的权力中心。亚洲目前还不是，至少不是世界军事力量的中心。这意味着，亚洲领袖在考虑打仗的时候，他们必须要考虑外部势力有可能进行干预。例如，如果印度和中国爆发真正的大战（不是边境线上的小冲突），俄罗斯几乎肯定会决定给予印度某种帮助，因为这样才能削弱中国。美国担忧亚洲会出现一个决定性的统治者，所以这种忧虑或许会左右美国的应对政策。为了避免胜负向一方倾斜，美国很可能会努力降低交战双方的战略目标、战争的范围和强度。

亚洲的政治精英们意识到，一旦开战将会有潜在的强大外部敌手出现，也许这就是亚洲各国军费开支占各自国内生产总值（GDP）的比例相对较低的部分原因（根据世界银行的数字，中国是2%，印度是3%，日本是1%，美国是4.6%）。即使中国和印度开战，从它们的军费、相对中等水平的核武器这两点，我们就能推测出，双方都没有在认真考虑使用武力去解决双方现有的或潜在的冲突，它们只是警惕对方而已。

第二，当代亚洲的繁荣建立在全球相互依存的商业网络上，这不仅制约了单方面采取军事行动可能，也产生了许多供各国自我满足、实现雄心抱负的机会，譬如，一个国家可以通过鼓励对外贸易促进经济增长，从而压制极端的民族主义。中国肯定能体会到这个道理，长达30多年的经济发展，大幅改善社会经济条件，中国获得了国际上的突出地位和非凡的金融地位。而且有此经历的国家不止中国一家。其他越来越成功的亚洲国家(尤其是韩国和东盟集团)，正在从相互依存的商业网络中获得越来越多的利益，这在某种程度上抑制了不理智的民族主义。亚洲21世纪里的中产阶级与世界是互通互联的，而20世纪的欧洲根本做不到这一点。这些亚洲人爱到海外学习，经常旅行，到处都有商业联系，有共同的职业理想，利用互联网实现跨国的密切关系，所以这些使他们难以形成一种民族主义的世界观，反而能帮助他们意识到相互依存的利益。

第三，应该认识到欧洲和亚洲有截然不同的历史。研究中国历史会有一个惊人的发现，几个世纪前，“东亚最重要的国家——日本、朝鲜、中国、越南、老挝、泰国、柬埔寨……这些国家的贸易和外交关系都是通过中国这个中心相互连接在一起的，它们有共同的原则、标准、惯例去校准相互的交往……在欧洲历史上，长时间的和平是个特例，而不是惯例……与欧洲截然不同……东亚国家的和平几乎没有中断，不是100年的和平，而是300年。”[3]

最后，在21世纪里，威胁亚洲安全的因素与在20世纪里威胁欧洲的不同。在后者所处的情况中，推动国家打仗的大部分原因是民族主义驱动的领土野心，那时的想法是领土越多，实力越大，国家地位就越高。这种野心的极端表现形式就是“生存空间”这个概念，它代表一个国家为生存所需要的空间。在当代亚洲，导致地区不稳定的主要因素是民族多样性和种族忠诚热情，而不是谋求外部领土的野心。确实，除了巴基斯坦害怕印度之外，大多数东南亚和西南亚国家的军事指挥官最担心的不是邻国的领土要求，而是如何维护国家稳定。

人口众多的印度是最重要的例子，可能引发印度陷入混乱的是两个潜在的内部矛盾：极度的贫富差距，其差距之大超过中国；印度社会里有大量操不同语言、信奉不同宗教的种族。中国的汉族占总人口的91.5%。与中国不同，印度最大的种族占总人口的70%，这意味着大约有3亿人是少数民族。就印度的宗教而言，印度教教徒有9亿5000万人，穆斯林近1亿6000万人，锡克教徒约2200万人，其余人信奉更多种的宗教。不到一半的印度人使用印地语。此外，印度有读写能力的人占总人口的比例惊人地低，大多数妇女目不识丁。农村的骚乱程度不断上升。尽管四处蔓延的暴力活动已经存在十余年了，但依然没有得到遏制。

印度还没能证明其政治制度是能正常运作的“世界上最大的民主制度”。证明的标准应该是所有印度人口都在政治上觉醒了，并且积极投身于政治活动中。考虑到印度公众的文盲率非常高，特权阶层和富人与政治制度之间的关系非凡，印度现有的“民主”过程与英国19世纪后半叶的贵族“民主”非常相似，当时还没有工会出现。当成分复杂的公众变得有政治觉悟和判断力后，现行的体制是否有效才能被测试出来。到了那个时候，宗教和语言差异可能会威胁印度的内部凝聚力。如果印度人失去控制，已经受到部落骚乱挑战的邻国巴基斯坦也可以成为较广泛区域暴力的地缘政治焦点。

在这样充满了潜在冲突的背景中，维护亚洲稳定需要美国发挥一部分作用，这部分作用要看美国如何应对以中国为中心的两个相互叠加的三角形。第一个三角形是中国、印度、巴基斯坦。第二个是中国、日本、朝鲜半岛，东南亚在这个三角形中发挥支撑作用。在前一个三角形中，巴基斯坦可能既是主要的冲突点，也是突发不稳定的根源。在第二个三角形中，朝鲜半岛（朝鲜和韩国）和/或者台湾都可能是不稳定的焦点。

在这两种情况下，美国仍然是关键方，有能力改变力量平衡，并影响最终的结果。在这里，我们要明确指出美国的指导原则应该是不直接军事介入亚洲对立大国间的冲突。无论是印巴战争，或是把中国牵扯进来的印巴战争，甚至是印中战争也会发生，其结局对美国利益构成的伤害要小于美国扩军去亚洲大陆打仗构成的伤害。后一种情况将导致亚洲爆发一系列的种族和宗教冲突。

上述原则显然不适合与美国已经有条约义务的日本和韩国，美国在这两个国家已经有驻军。另一方面，虽然说美国不介入亚洲国家的冲突，但这并不意味着美国不关心冲突的可能的结果。美国肯定应该利用其国际影响力防止战争爆发，一旦战争爆发，美国要提供帮助遏制战争蔓延，并且还要防止战局出现一边倒的结果。但是，美国的这种努力应该要求其他强国也参与进来，原因是亚洲的大规模地区不稳定也可能会影响这些国家的利益。肯定会有一些相关国家希望美国介入，而自己在旁边坐收渔利。所以，美国不能单独承担防止危机、遏制危机、压制更好战一方的全部责任。

第一个三角形牵扯到亚洲首席地位的争夺。中国和印度已经是国际舞台上的主要角色。印度是世界上人口最多的国家之一；

其经济已经起飞；其正式的民主制度及其未来的活力可能是取代中国模式的一个候选者，这一点对民主的美国有特殊意义。中国已经在经济实力领域世界排名第二，不久之后其军事实力很可能真的就是世界第二了（在有些方面可能已经做到了），中国是正在迅速上升的全球强国。所以，中国和印度的关系，在本质上就是竞争和敌对的关系，而巴基斯坦是地区冲突的焦点。

在印度这一边，不受管制的印度媒体和印度战略讨论会，总是相对肆无忌惮地表达对中国的敌意，这等于是在向中印之间已有的矛盾和国家间相互敌意上火上浇油。这些媒体和战略讨论会总是把中国视作威胁，大部分时候从本质上而言是领土威胁。在印度，出版物经常提及中国1962年通过武力占领有争议的边境。中国正在努力介入缅甸的政治、经济建设，还介入巴基斯坦的印度洋港口建设。这些被用来向印度公众展示为一种谋求包围印度的战略策略。中国大众媒体在报道这些事的时候比较小心谨慎，有意把印度描绘成一个不重要的竞争对手，这又进一步燃起印度人的负面情绪。

中国人对印度的这种高傲态度，很大程度上来自中国超级的社会经济表现。中国的国民生产总值（GNP）比印度高出许多，城市现代化水平和基础设施水平也先进得多，中国人口的文化水平也相当高，种族和语言的种类却比较少（见表4.3）。

无论如何，双方都受到自己的主观情绪和地缘政治局势的束缚。印度人嫉妒中国人在经济和基础设施建设方面的飞跃。中国人轻视印度的落后（在社会层面上，这表现为文化水平的不对称）和缺少纪律。印度人害怕中国与巴基斯坦的紧密关系；中国人觉得印

表4.3　中国和印度的全球综合表现排名，中国和印度的发展指标

中国和印度的全球综合表现排名

变量	中国排名	中国排名前后的国家	印度排名	印度排名前后的国家
国际贸易物流[1]	27	捷克26，南非28	47	塞浦路斯46，阿根廷48
人类发展[2]	89	多米尼加88，萨尔瓦多90	119	佛得角118，东帝汶120
教育[3]	97	马拉西亚96，苏里南98	145	科摩罗144，喀麦隆146
环境表现[4]	121	马达加斯加120，卡塔尔122	123	卡塔尔122，也门124
经济竞争力[5]	27	马拉西亚26，文莱28	51	马耳他50，匈牙利52
政府腐败认知度[6]	78	保加利亚73，摩洛哥85（5个与中国同组，包括希腊）	87	摩洛哥85，波黑91（阿尔巴尼亚，牙买加，利比里亚与印度同组）
创业[7]	40	秘鲁39，哥伦比亚41	53	巴拿马52，巴西54

1.世界银行物流绩效指数（LPI）2010

2.联合国开发计划署人类发展指数（HDI）2009

3.联合国开发计划署教育指数2009

4.环境表现指数（EPI）2010

5.世界经济论坛发布的全球竞争力指数（GCI）2010-2011

6.透明国际腐败认知指数（CPI）2010

7.阿克斯-斯兹伯全球创业发展指数（GEDI）2010

中国和印度的发展指标[8]

指标	中国名次	数字	印度名次	数字
寿命	94	74.51	160	66.46
男性识字率	–	95.7%	–	73.4%
女性识字率	–	87.6%（2007）	–	47.8%（2001）
每天生活费低于1.25美元人口比例[9]	–	15.9%（2008）	–	41.6%（2008）
工业生产增长率	4	9.9%	8	9.3%
投资（固定资产）	1	GDP的46.3%	13	GDP的32.4%
研发投入（2010）[10]	–	GDP的1.4% （支出1414亿美元）	–	GDP的0.9% （支出333亿美元）
高速公路里程	–	65000公里	–	200公里

8.美国中情局《世界概况》2009年、2010年的数据。

9.联合国开发计划署《人类发展报告》2010年。表格5.多维贫困指数。

10.2011年《全球研发基金预测》。《巴特勒研发杂志》，2010年12月。

度有能力阻止中国通过印度洋到达中东和非洲。双方除了在外交仪式上不断承诺和平外，极少会听到有影响力的人私下倡导相互包容，所以中印彼此的轻视挥之不去，并日越来越严重。

面对这种敌对关系，美国的角色应该是谨慎的，要保持一定的距离。美国的政策要小心谨慎，尤其是在处理与印度的同盟关系时，但不应该让别人以为美国漠视印度有朝一日取代中国政治模式的可能性。印度的未来很有希望。如果印度能成功地把可持续发展和更广泛的民主结合在一起，那么印度的未来就更加有希望了。所以，美国有理由与印度保持热忱的关系，但这不应该意味着美国要在克什米尔问题上支持印度，因为印度在这个问题上确实引发别人的批评。美国不应该暗示与印度的合作关系是为了打击中国。

美国政策圈的一些人已经开始提倡建立正式的美印同盟，目的是针对中国，但实际上也针对巴基斯坦。有鉴于此，有必要做一项明确的声明，表明任何这类政策都是有悖于美国的国家安全利益的。这样的政策会增加美国陷入更漫长、更痛苦的亚洲冲突的可能性。2011年，美国不明智地决定向印度出售先进武器系统，但维持对中国的武器禁运，此外美国还帮助印度改进其核计划，中国人因此而视美国为敌人，因为美国传递出一个信息，那就是美国在中国决定把美国看做敌人之前，就已经把中国看做敌人了。

此外，美印同盟免费给俄罗斯好处，却未能让俄罗斯投桃报李。实际上，建立这样的同盟，能从两个方面损害美国在欧亚大陆的长期利益：第一是减少了俄罗斯对中国的恐惧，从而减弱了俄罗斯想接近西方的意愿。第二是吸引俄罗斯利用美国把注意力分散到更广泛的冲突的时机保证俄罗斯在中亚、中欧的帝国主义利益更加夯实。那个想实现更有活力、更大的西方的愿望从而变得更加遥远。

最后，美印同盟很可能会加强穆斯林的反美恐怖主义，因为他们会推断该同盟明显是针对巴基斯坦的。如果印度教教徒和穆斯林在印度的领土上爆发暴力冲突，这种情况会变得更严重。在伊斯兰世界里，居住在西南亚或者中亚又或者中东的穆斯林，看到美印同盟，内心的同情就会被唤起，他们将支持对美国人发动恐怖袭击。简言之，针对第一个三角形，比较明智的策略是有节制的同盟，不让美国军事介入亚洲该地区。

第二个三角形的轮廓不太清晰，这个三角形涉及中国、日本、韩国，在某种程度上也涉及东南亚地区。更总体而言，这个问题不仅涉及中国能否在亚洲大陆充当主导性的强国，也涉及美国在太平洋的地位。日本是美国在远东重要的政治和军事盟友。虽然日本主动限制了自己的军事实力，但日本有可能因担心中国崛起而取消对军事实力的限制。日本是世界第三大经济体，中国最近才超过日本。韩国是个经济发展很快的强国，美国与它维持着长时间的盟友关系。一旦韩国与其疏远的北方亲戚朝鲜发生冲突，韩国就会依赖美国出面阻止。东南亚与美国的关系不那么正式，该地区有强大的地区伙伴关系(东盟)，但东盟害怕中国实力的增长。有一点更加重要，美国和中国之间的经济关系已经形成，相互的敌意会带来伤害。可是，随着中国经济和政治实力的发展，中国在未来会挑战美国的全球领袖地位。

考虑到中国最近的表现以及历史成就，那种认为中国经济会戛然而止的想法是草率的。回想1995年的时候（实际上，这一年是中国30年经济腾飞的中间点），有几位杰出的美国经济学家竟然提出，中国到2010年会像苏联那样落入同一条可怕的阴沟，因为苏联在30年前的60年代宣称自己到了1980年会超越美国的经济实力。如今，即使疑心最重的人也不得不承认中国的经济增长是真实的，很可能会持续很长时间。当然中国的年度增长率或许会逐渐下降。

无可否认，中国的发展可能会因为国际对中国产品的需求下降而受到负面影响，全球性的金融危机也有可能逆转中国的发展势头。此外，由于社会差距扩大，中国社会变得越来越紧张。这种局面可能会产生政治不安定。中国目前有大约3亿新中产阶级可能会要求获得更大的政治权利。但是，所有这些都不像是苏联整体垮台前的征兆。中国对世界事务的影响力和地位都在上升，这已经是现实，未来美国需要去适应这个现实。否则，美国只好去妖魔化中国，或者异想天开地幻想中国要破产。

更大的危险有可能来自一个截然不同的危险源，它不太像是个经济危险，倒很像是个社会政治危险。这种危险的表现形式是中国领导人的素质逐渐下降，这样的变化初期是很难被人们察觉到的，或许人们可以从中国民族主义激烈程度的上升中察觉到。上述两种情况可能单独发生，也有可能是一起发生，总之，这种危险会导致中国采取有损自己国家雄心的政策，并且/或者还有可能破坏中国国内正在进行的平稳改革事业。

自文化大革命至今，中国领导人一直表现出谨慎的作风。

邓小平具有远见卓识，他下决心让中国走实事求是的现实主义道路。在邓小平之后，中国的领导人交接十分平稳，原因是中国有固定的领导人交接程序。中国领导人努力预见问题，甚至一起研究外国有关经验，希望解决国内政策要取得成功而避免不了的混乱（他们的一个做法非常值得注意，那就是中央政治局定期召集会议，花费一整天的时间研究国内外主要问题，从而汲取国外和历史的经验教训。第一次研究学习会议的内容是非常有启迪意义的，他们学习了国外诸帝国的兴衰历史，而美国是他们研究的最新例子）。

中国当前这一代领导人本人不是革命者或开创者，他们所熟悉的政治舞台是前人早就建立好的，而且主要的国家政策也已经被前人从长远角度出发设定好了。管理体系的稳定性似乎对他们来说是唯一进行有效管理的牢固基础。但是，在高度集中化的政治环境下，要拥有政治前途，从众、谨慎和逢迎上司常常比个人勇气和主动性更重要。长此以往，如果政治领导层建立在人事政策的架构之中，从而几乎在不知不觉中变得对人才和创新抱有敌意，那么这样的政治领导层能否保持活力是令人怀疑的。腐朽可能呈现。如果官方宣称的正统与政治上觉醒了的民众的多样化期待有了差异，政治体制的稳定可能会遭到破坏。

然而，在中国的情况下，公众的不满不大可能通过大规模探求民主来宣泄，而是更有可能通过社会民怨或者民族主义激情来宣泄。中国政府只是更注意前者，并且为此做了准备。官方规划者直言不讳地总结出可能引发破坏社会稳定的群体事件的五大原因：（1）贫富悬殊，（2）城市骚乱和不满，（3）腐败之风，

（4）失业，（5）社会信用缺失。[4]

如果让民族主义激情兴旺起来，实际上更难处理。中国的民族主义正呈上升趋势是显而易见的。虽然政府仍然建议谨慎地定义中国的地位和历史目标，但到2009年时，越来越多的严肃的中国媒体充满必胜信心地炫耀中国的显赫、经济威力、不断上升的全球地位。民粹主义激情在未来很有可能会突然爆发，这一点从最近中日之间发生的事件中可见一斑。中日在有争议的水域里发生一件相对较小的偶然事件，这导致中国民众怒火爆发，发动示威宣泄怒火。台湾问题同样可能在某个时候激起公众对美国的好斗情绪。

事实上，中国的前途有个矛盾，在中国向某种形式的民主制度演化的过程中，一个智勇双全并能谨慎地将社会压力转化为社会参与的领袖更有可能成功，相反那种只知道放纵民族情绪的懦弱领袖获得成功的可能性不大。一旦政权变得既软弱又平庸，就会对维护政治团结以及自己手中的权力感兴趣，对这样的政权来说，最好的政策就是让中国的未来变得更加激进、更加极端民族主义。 如果一个领导层害怕丢失手中的权力和前景，倾向于去支持民族主义浪潮，他们就有可能会破坏中国长期以来在内政和外交之间维持的精巧平衡，该平衡一方面要求提升国内的雄心，另一方面在外交上采取慎重的态度。

一个高度民族主义和高度集中的中国可能会处于自我封闭之中。世界上的其他国家不再会羡慕中国的现代化，美国公众也会泛起残存的反华情绪，也许还携带着含蓄的种族歧视。这时，在那些越来越害怕中国野心的亚洲国家中，会出现一种极度反华的政治压力。它将改变中国的地缘政治近邻。当前喜欢与住在隔壁的经济巨人进行合作的近邻们，将变得渴望获得外部保证（美国是首选），去抵御它们眼中的已经被民族主义和野心唤醒的中国。

几十年前，美国就在协定承诺的基础上在日本和韩国驻军，所以北京对待其邻国的态度直接影响美中关系的大局。宽泛地讲，虽然中国希望崛起，但其战略目标仍然是谨慎的，似乎中国的主要目标有如下六个：

1.把对中国地缘政治包围的潜在危害降到最低，可能的危害包括：美国与日本、韩国、菲律宾的防卫联系；中国通过马六甲海峡从海上去往中东、非洲、欧洲等地容易受到阻挠；没有一条穿越俄罗斯和/或者中亚国家从陆路去往欧洲的经济上可行的通道；

2.在新兴的东亚联盟（包括中日韩的自由贸易区）谋取有利的地位，并且在已经存在的东盟中实现同样的目标，同时尽可能排除美国的加入或在其中扮演主要角色；

3.支援巴基斯坦，使之成为制衡印度的力量，并通过巴基斯坦建立一条通往阿拉伯海、波斯湾的安全通道；

4.在对中亚和蒙古的经济影响力方面取得对俄罗斯的重大优势，从而中国可以从比非洲和拉丁美洲更近的区域满足其对自然资源的部分需求；

5.坚持通过邓小平的“一国两制”方针去解决内战遗留下的台湾问题；

6.在中东、非洲、拉丁美洲的几个国家中谋求有利的经济地位以及间接的政治影响力，从而保证原材料、矿物、农产品、能源的供应，与此同时保证中国制造的产品在当地市场上的主导地位，在此过程中，在全球获得支持中国的政治力量。

上述六个战略目标混合了中国的地缘政治利益和经济利益，一些中国战略家称之为“大周边战略”。但这些目标还反映了中国对自己应有权利的传统观念，那就是中国应该有权主导地区性事务，也许最终还应该有权主导全球性事务。与苏联不同，这些目标不是源自普遍的意识形态渴望。然而，这些目标的确反映了中国人的自豪感和外界推测的欲望（至少眼下中国对这一欲望是遮遮掩掩的），那就是再次成为世界上最伟大的强国，甚至是取代美国。诚然，中国精明的外交举动已经引起他国的注意，中国的外交口号是“和谐世界”，这个口号开始吸引欠发达地区的政治想象力。有许多人不满“衰退中的美国梦”带给他们的前途，因而渴望在未来能获得一个与自己更相关的前途，而中国正好提供了这么一种可能性，那就是正在升起的“中国梦”。

中国人这六个目标中的每一个，既可以灵活且耐心地去实现，也可以激进地去实现，究竟何种方式，要看中国是否想破坏美国在东方的地位。例如，中国可以让日本和韩国成为东亚同盟的成员，并且接受美国的介入。另一方面，中国也可以诱使朝鲜半岛在中国的保护下实现统一，使日本脱离美国成为中立国（与其他例子类似）。从本质上看，如果中国的民族主义情绪不高昂，上述目标就会被吸收在一系列迁就融合的举动之中（主要是跟美国）。但是，如果中国的民族主义情绪被唤醒了，中国就会全神贯注地与美国进行对抗，那么中国就会以好斗的方式去实现上述目标。

究竟中国会采取哪种方式，取决于两个基本因素：一是美国如何对待上升中的中国，二是中国如何演化。美中两国的智慧和品质，很可能会在这个发展过程中受到严酷的考验，双方的赌注都将会是非常巨大的。因此，对美国人来说，当前的任务是要分辨出两种情况，中国的哪些野心由于威胁到了美国的核心利益而不能被接受；中国的哪些目标反映了新的历史性地缘政治现实，因而是美国应该包容的，虽然美国可能会不情愿，但至少没有损害美国的利益。实际上，美国需要平静地分析在哪些地方与中国发生冲突不值得，而何时必须划清界线让中国人自己认识到越线对他们不利，并且/或者是他们力所不能及的。美国的最终目标是使中国成为世界事务中一个建设性的主要伙伴，但美国不会不计代价。

为了增加中国成为全球主要伙伴的可能性，美国应该默许中国在亚洲大陆拥有突出的地缘政治地位，默许中国成为主导亚洲经济的大国。但是，不管中国答应与否，美国如果能够维持自身在远东强大的地缘政治存在(以与日本、韩国、菲律宾、新加坡和印度尼西亚的持续关系为根基)，那么美中全面全球伙伴关系的前景反而实际上会增强。美国维持在远东的地位，总体而言将是对中国亚洲邻国（包括本书未明确提及的国家）的一种鼓励，因为它们就可以利用美国在亚洲的金融机构和经济设施以及美国的地缘政治存在，在强大中国的阴影中去和平但是抱有更大信心地保持自身的独立。

日本是美国发展稳定的美中伙伴关系的关键同盟者。美国与日本的联系表明美国是太平洋大国，就好像美国与英国的联系表明美国是大西洋国家一样。这两组联系使美国能分别实现与欧洲和中国的灵活可变的伙伴关系。在上述大框架下实现的中日关系的不断和解符合美国的主要利益。美国应该保持在日本的存在，特别是要维持两国之间的防卫联系，这有助于中日和解。如果美国和中国真的是在谋求加深和扩展双方的合作，美日关系更应该如此。

与此同时，如果日本能在国际上更加活跃、军事上能力更强，日本就能为全球稳定做出更多积极贡献。一些杰出的日本人已经催促日本加入新生的跨太平洋伙伴关系协定(TPP)，该协定受到美国的青睐，其目标是在环太平洋国家间建立自由贸易区(中国专家指责这是针对东亚共同体的阴谋)。日本固然缺少威胁中国的实力，但日本可以为国际维和提供更多帮助，并且采取总体而言与其重要经济地位匹配的行动。中日在一些潜在的有丰富石油资源的岛屿上有矛盾，双方都宣布拥有主权，如果该问题遵从现有的国际斡旋和仲裁判决，应该是能比较容易化解的。

只要仍然受到潜在威胁，并且朝鲜半岛依然处于分裂状态，韩国就别无选择，只能依靠美国的防卫承诺以及美国继续在日本的有效存在的承诺。日本和韩国有广泛的贸易关系，尽管如此，由于双方在历史上的敌意，韩日两国并没能形成任何密切的军事合作，而实际上它们的军事合作对双方都有利。韩国拥有的保护越多，朝鲜就越不会发动出人意料的袭击。最终朝鲜半岛会在合适的时刻实现和平统一，中国也许能在分阶段的统一进程中发挥关键作用。如果真能实现朝鲜半岛统一，作为对中国援助下的民族统一的交换，韩国也许会决定重新评估局势，降低与美国和日本的军事联系程度，但主要是降低与日本的军事联系水平。

美国需要与印度尼西亚、新加坡、马来西亚、越南发展更密切的政治和商业联系，并且维持与菲律宾的历史联系。这样才能加强亚洲对美国的支持，使美国加入正在扩展之中的区域性国家间合作体系。这些国家在与美国建立上述关系时所表现出的兴趣，有助于让中国更加理解美国的太平洋战略并不是为了包围中国，而是在花费精力建立更大规模的合作网络，该网络将间接帮助塑造美中双边全球伙伴关系。

在美国和中国谋求经济和政治合作的大局下，有三个美中之间的敏感问题必须和平地加以解决：第一个需要短期内解决，第二个要在近几年内解决，第三个可能需要十年左右的时间解决。和平解决这三个问题的条件是美国和中国在比较广泛的亚洲地区能继续发展双边建设性的合作关系。

第一个敏感问题是美国在中国领海边缘进行军事侦察的问题（离海岸线6海里），以及美国海军在国际水域进行巡航时部分进入中国专属经济区。这些军事活动在中国人眼里是挑衅行为，这一点是可以理解的，如果中国在美国领海进行类似的活动，美国公众毫无疑问也会被激怒。此外，空中侦察构成了发生冲撞的严重风险。

要解决这些问题，美中双方要采取一些调整措施。不过，这些问题可以在更加系统化的层次上加以解决，这就涉及越来越引发争议的第二个问题，即两国的军备扩张的问题。目前，美国的国防预算和武器计划比中国的明显大多了，一部分原因是美国正在打仗，还有一部分原因是美国对全球有军事承诺。在目前这个阶段，中国的反应基本上是地区性的，但中国的反应确实不仅直接引起了美国的安全顾虑，也影响了美国对亚洲盟友的承诺。所以，两国必须进行系统性的努力，在较长期军事计划方面达成协议，这种相互保证对维持任何长期美中伙伴关系来说都是必需的，这样做也会使日本和韩国感到放心。没有这样的相互包容，就不可避免地会产生双方难以克服的障碍，不仅会逐渐破坏已有的合作，也有可能导致严重的军备竞赛。

第三个地缘政治问题是最为困难的，但前两个问题的进展将有助于该问题的解决。这个问题就是台湾的未来地位。美国不再把台湾看作主权国家，同时承认台湾是中国的一部分。在美国和中国实现长期包容性发展的过程中，必须要面对的事实是，美国向分离出去的台湾出售武器肯定会引发北京的不满。按照邓小平“一国两制”的长期方针，采取中国式的解决方案，有可能找到一种富有灵活性的方式，实现了统一，但是会保持不同的政治制度和社会形态，甚至各自保留军队(因此，它应该被重新定义为“一国多制”）。

自从前英国殖民地香港回归中国主权之后，香港的“一国两制”采取了比较严格的形式，这种形式的“一国两制”在香港受到了检验。尽管中国人民解放军进驻了香港，但包括民主体制在内的香港自治证明行得通。考虑到中国的地位不断上升，如果统一的基础是更加灵活的“一国多制”不必包括解放军进入台湾岛，那么台湾想无限期地拒绝统一就是值得怀疑的。显然，台湾是个政治性问题，具有道德敏感性，中国和美国是否愿意在这个问题上达成包容性协议有赖于双方关系的性质。从短期看，解决前两个问题将最有可能消除地缘政治的根源。从较长期看，如果不能解决第三个问题，双方会产生严重的分歧，尤其是美国在尼克松执政期间已经接受了大陆和台湾都坚持的只有一个中国的原则。

像先前评述过的那样，最终双方的内部条件起决定性作用。只有恢复对基础设施的投资，技术进步再次充满了能量，再次拾回历史乐观主义，克服严重的政治僵局，美国才有更多的信心去调整自己适应崛起的中国。这种状态下的美国很可能有一个更清晰的世界观，肯定较少地用摩尼教的观点看世界，更愿意与世界在某种程度上分享其政治地位。

同样，中国的发展也至关重要。中国近200年来的历史是动荡和分裂的。中国当代的稳定发展期只有30年的历史。中国在19世纪是分裂和衰败的，遭到了外国军事力量的暴力入侵，不得不做出屈辱性的“让步”。中国在20世纪苏醒了，连续争斗了几乎一个世纪。孙中山及后来的蒋介石都失败了。此后时期的自我毁灭不亚于苏联的斯大林时期。只是邓小平才成功做到了戈尔巴乔夫在苏联未能做到的事情：让中国走上了一条至今依然还算成功的内部变革的道路，变革同时促进了个人的积极性和国家的雄心。

即使中国的国内变革继续保持成功，中国很可能也不会在未来相对较短的一段时间里（比如说到2030年）实现许多西方人期待的：出现一个基于中产阶级的类似欧美的宪政民主制度。在现代化的过程中维持国家统一会遇到很多新问题——接触更大的外部世界，利用互联网扩展交往，不平等地提高生活水平。面对这些新问题，可能会出现两种基本情况，但这两种情况都不是西方式的多党民主制。第一种情况是很危险的，本书在前面讨论过：中国现代化之后变成一个过于自信、没有耐心、总是有必胜信念的、好斗的民族主义国家，解放军是权力的和行动的源头。这样的中国不仅对外部世界，对自己也是危险的。

第二种情况是所谓的具有现代特征的儒家中国，这样的中国不同于20世纪欧洲的沙文主义国家，不会在国际上造成太大的麻烦。中国的政治文化源远流长，充满了与众不同的许多诸如生命、等级、权威的哲学概念。社会“和谐”的想法，指的是在中央集权制度下形成的统一局面，该想法据说是源自一个一般性的哲学共识，领导阶层通过精英选择，而不是政治争论产生，制定政策要基于事实，而不是教条。这样的想法源自中国漫长的历史。值得注意的是，邓小平不断引述一个短语“实事求是”，这应该是反映了儒家的学说。

中国的人口越来越老龄化，这会给社会凝聚带来更大的压力，从而可能会威胁儒家的“和谐”概念。中国官员也公开承认社会不平等增加了社会风险，还有数亿人仍然没有从当前的变革中获益。这也使得应对国内“和谐”构成的内部风险比投射全球主义更重要。

无论如何，和谐的想法是中国越来越希望向外界谨慎传递的信息。中国在国际上不把自己描绘成搞阶级斗争的人，也不向世界输出最终的世界革命（苏联这样做）。中国总是把自己与儒家的过去和佛教渊源相联系。从外部特征看，中国主要的对外交流机制是数百个位于世界各地的“孔子学院”，中国政府推动建立“孔子学院”的态度非常积极，以法国的法语联盟和英国的英国文化协会为模式进行运作。除了让外国人了解儒家学说，中国还公开承认自己的佛教传统（与邻国共享）。在现实生活里传递这样的信息，并不能告诉人们中国的国际企图和战略。但是，这个信息所强调的“和平崛起”、全球和谐的理念，至少让人们可以与中国谈论其全面融入国际体系的问题。

从比较长远的角度看待中国的情况，很难想象中国能永远不许外部世界的压力传入内部，而外部世界却正变得越来越相互依存和相互联系。中国孤立自己的代价会是巨大的。中国在发展，发展的结果正在积聚：中国已经涌现出非常了解国际情况的中产阶级；无数的中国人去海外学习；数以百万计的大学毕业生不可避免地把民主当作自己的生活方式和表达自己尊严的方式；在如今的交互通信的世界里，即使是最坚定的精英也无法让社会处于意识形态封闭状态。所有这些都说明一个道理，中国也会加入民主的主流之中。

事实上，到2050年的时候，中国会变成相对来说中年化的社会，在某种程度上类似于今天的日本——日本有22%的人口的年龄在65岁以上，预测表明中国在本世纪中期这个比例将达到25%。该情况也证明了一个假说的合理性，那就是在一个年轻人爆炸式增长的社会里，人口特征是不会很快发生改变的。很明显，当中国社会变得中年化和中产阶级化后，中国很可能会演化出一个多元的社会制度，因为这样的社会制度是正常的，是朝着更加细致的政治风气进步，是与中国的传统相匹配的。

在这样历史性演化的背景下，美国在新东方的地缘政治角色与直接介入西方扩大化有本质的不同。在西方，美国是必不可少的动力源，因为美国要激励地缘政治革新，甚至参与直接的领土扩大。在亚洲，美国要合作性地参与到一个多边体系之中，谨慎地支持印度的发展，稳固地与日本和韩国联系在一起，耐心地与中国扩大双边合作和全球合作，这样美国就会变成最好的平衡支点，从而维护新亚洲在崛起过程中的稳定。

本章注释：

[1]《欧洲最后的机会》，韩国《朝鲜时报》，2010年10月13日

[2]关于这一概念的充分解释，参见本书作者2004年的另一著作《大抉择》

[3]乔万尼·阿里吉，《亚洲·史密斯在北京：21世纪的谱系》(伦敦，2007年)

[4]《未来10年群体性事件成执政最大挑战》，《瞭望东方周刊》，2010年4月21日

结论

美国的双重角色

人类第一个千年的前500年，大约距离现在1500年前，在欧洲比较文明的地区有两个共存的帝国统治，一个是西罗马帝国，另一个是东罗马帝国。罗马城差不多一直是西罗马帝国的首都，可是到处劫掠的野蛮人围攻了这座城市。罗马的军队长期驻扎在远方规模庞大、巨资建造的要塞，因此罗马在政治上处于过度扩张的状态。到了5世纪中叶，罗马已经接近崩溃。与此同时，基督徒和异教徒互不相让，处于分裂状态下，社会团结被破坏了，沉重的税负和腐败使经济失去了活力。公元476年，罗慕路·奥古斯都（Romulus Augustus）被野蛮人击败，垂死的西罗马帝国正式崩塌了。在同一个历史时期，东罗马帝国——很快被称为拜占庭帝国——展示出更强劲的城市化进程，经济发展比较迅速，同时在外交上和安全政策上也比较成功。罗马陷落后，拜占庭帝国又兴旺发达了几个世纪。这个帝国收复了西罗马帝国失去的一些土地，继续生存下去。拜占庭帝国在后期也处于各种矛盾之中。15世纪的时候，奥斯曼土耳其帝国推翻了拜占庭帝国。

这个有趣的历史故事是非常重要的，因为它是21世纪世界动态的对照。罗马在5世纪中叶的苦难没有破坏拜占庭帝国的发展前景，因为那时的世界分成几个独立的部分，各部分之间在地理、政治和经济上都是相互隔离的。一个帝国的兴衰不能立刻且直接改变另一个帝国的前景。今天，迅捷的通信和即时的金融交易使距离变得没有意义。在当今世界上，那些在经济、金融和军事上最发达的国家变得越来越相互依赖。我们这个时代与1500年前非常不同，密切相连的东西方之间要么相互合作，要么相互破坏。

所以，在未来几十年里，美国的主要挑战和地缘政治上的迫切使命有三个：一是要恢复自己的活力，二是要扩大西方的地盘并使之更加生机勃勃，三是要在东方维持各国之间复杂的平衡关系、建设性地包容中国在全球地位的崛起、预防全球混乱。如果美国不能实现复兴，它就不能促进欧亚大陆的地缘政治处于稳定平衡之中，那么，关乎人类福祉和最终生存的重大问题就会被搁置下来。如果美国不能实现其雄心勃勃的欧亚大陆地缘政治计划，西方的衰落就会加快，同时触发东方变得更不稳定。在亚洲，各国处于相互竞争之中，竞争最激烈的是中国、印度、日本，这些竞争关系会导致地区的紧张局势，最终会导致中美之间的敌对，直至两败俱伤。

然而，如果美国能成功地扩大西方，使之成为世界上最稳定、最民主的地区，美国就有能力把实力与原则相结合。扩大了的西方是个谋求合作的大西方，这个大西方的地盘将从北美一直延伸到欧洲，然后再进入欧亚大陆拥抱俄罗斯和土耳其，接着跨越地理距离到达亚洲第一个成功实现民主制度的国家日本，然后是韩国。如此广阔的延伸，肯定能增强西方核心原则对其他文化的吸引力，从而促进在未来几十年里逐渐在世界各地出现多种形式的民主政治文化。

与此同时，美国应该继续与东方合作，东方正处于经济上活跃、金融上有影响力的时期，但充满了潜在的矛盾。如果美国和中国能在广泛的问题上相互包容，那么亚洲保持稳定的可能性将大大增加。实际情况可能就是如此，特别是如果美国能一方面使中国与美国在太平洋的盟友日本和解，另一方面减轻中国和印度之间越来越大的敌意。这些并行的目标是非常重要的，因为我们不能漠视一个事实，那就是亚洲远不止中国一个国家。美国对东方的政策必须考虑到一点，即要谋求亚洲的稳定平衡，不能只局限于和北京建立一个以中国为中心的特殊关系。这样的做法才是可取的。

所以，美国为了能有效地在欧亚大陆的西面和东面发挥作用，必须同时扮演两个角色：在西面，美国必须推动和维护更大程度、更广泛的统一；在东面，美国必须平衡和协调主要大国的关系。这两个角色都必不可少，而且可以相互支撑。但是，美国为了有资质和能力把这场大戏演成功，就需要向世界展示美国有意愿在国内进行革新。美国应该把注意力从令人生疑的预计美国的经济增长率在未来几十年继续保持不变的统计学假说，转移到强化国家实力的其他领域，譬如创新、教育、武力和外交的平衡能力、政治领袖的素质、民主生活方式的吸引力。

对想成为西方复兴的推动者和保证者的美国来说，有几件事要做到：拉近美国人和欧洲人的距离；继续履行对北约的承诺；美国和欧洲要仔细地展开扩大西方的步骤，也许需要采取不同的方式拥抱土耳其和真正民主化的俄罗斯。美国必须鼓励欧盟进一步统一欧洲，为保障欧盟在地缘政治上发挥作用，美国要在欧洲安全事务上继续保持积极的姿态，同时推动欧洲增加其自身的政治和军事活动。英国、法国和德国是欧洲主要的政治、经济和军事同盟，这三个国家之间的合作要继续下去，并且还要拓宽。此外，德国、法国、波兰针对东欧政策的磋商机制需要加强并且扩大，这对欧盟东扩具有关键意义。美国是欧盟计划具有历史意义的关键激励源，如果没有美国的积极参加，新兴的但仍然脆弱的欧盟可能会支离破碎。

为了在维护西方统一的条件下实现与俄罗斯的战略对接，法国、德国、波兰形成的“魏玛三角形（Weimar Triangle）”，可以在推进和巩固至今为止仍然孱弱的波兰与俄罗斯的和解上发挥建设性的作用。法国和德国的支持，不仅能加强波兰的安全感，还能再次向俄罗斯保证与波兰的和解有更大的欧洲背景。只有这样做，俄罗斯和波兰的和解才是全面的。由于德国和波兰的和解已经完成了，这两个和解将为欧洲的稳定做出贡献。但是，为了使波兰与俄罗斯的和解是有效和持久的，必须把和解的层次从政府扩大到民间，展开广泛的面对面接触和大量的教育活动。只在政府之间进行迁就融合，而不植根于民间，那么和解的效果不会长久。1939年，纳粹德国政权和苏俄斯大林的政权曾展开规模宏大的和解活动，但仅过了两年它们之间就爆发了战争。

相反，第二次世界大战结束后，法国和德国的友谊关系，在开始的时候是由最高领导人发起的（戴高乐将军和阿登纳总理扮演了历史性角色），后来在民间和文化层面上成功地推广开来。甚至法国和德国对相关历史叙述都变得在本质上是相容的，这就为真正友好的邻国关系奠定了坚实的基础，于是两国和平同盟的基础就变得稳固了。波兰与俄罗斯的和解，要按照一模一样的过程进行，和解进程加快后，肯定会产生积极的国际效果。此外，波兰不仅能在欧洲向俄罗斯打开大门上发挥关键性作用，还能鼓励乌克兰和白俄罗斯沿着同样的方向采取各自的行动，从而增加俄罗斯跟进的兴趣。令人期待的西方扩大的历史性进程必须有战略作为指引，同时要保证基础是牢固的。该进程背后还要有更大的大西洋同盟的支持，在大西洋同盟中，波兰与德国有真正的伙伴关系，而德国和法国的友谊又密切联系。

上述计划需要美国和欧洲进行坚持不懈的努力，并且在战略上要谨慎从事。俄罗斯自身要进化，以满足欧盟的标准。但是，从长远看，俄罗斯不愿丧失这个机会，特别是在土耳其和欧盟在解决目前障碍方面取得进展的情况下。从另一个方面看，俄罗斯公众中有一大部分人已经在加入欧盟方面采取了比俄罗斯政府更加积极的态度。2011年初，德国的国际广播公司德国之声在俄罗斯做了一项民意调查，结果表明23%的俄罗斯人感觉俄罗斯在2年内应该成为欧美的一员，16%的人认为应该在未来2~5年内，9%的人认为应该在未来5~10年，6%的人认为应该在更长远的未来。另一方面，有28%的感到不肯定，只有18%的人坚决反对。虽然这么多俄罗斯人倾向于加入欧盟，但俄罗斯公众一般不清楚欧盟成员国的确切标准特征。俄罗斯加入欧盟最可能的情况可能与土耳其类似，准许过程在进行了一段时间后不得不停止，然后又突然开始，很可能是按阶段递进的，其中需要一些过渡期的安排。然而，此时去绘制西方扩大化后的具体结构蓝图恐怕为时太早。

然而，如果美国不去促进更加统一的西方，可怕的后果可能接踵而至。欧洲人历史上的怨恨可能会重新冒头，新的利益冲突会产生，短视的竞争伙伴可能会成型。俄罗斯可以利用其能源资产分裂西方，西方的分裂使俄罗斯变得大胆，肯定会谋求迅速吞并乌克兰，俄罗斯的帝国野心也会再次苏醒，导致更大规模的国际混乱。由于欧洲处于被动状态，个别欧洲国家为了谋求更大的商业机会，可能会去迁就俄罗斯。你可以想象得出一种情况，俄罗斯与德国或者意大利建立起特殊关系，为的是追求各自的经济利益。由于欧盟内部纷争加剧，走向崩溃，英国为了消除负面影响变得与美国更加贴近。法国和英国也会拉近距离，并怀疑地观察着德国。波兰和波罗的海诸国则绝望地请求美国提供额外安全保证。这样的结局不是一个新的更加有活力的西方，而是不断走向分裂的西方。如此发展，西方只能变得更加短视。

另一方面，分裂的西方不会有信心与中国在全球进行整体竞争。中国至今没有宣称，指导中国获得成功的意识形态体系是可以放之四海而皆准的。美国也很小心地不让意识形态作为与关键国家建立关系的核心点，原因是美国发现国家之间进行妥协时常是不可避免的（例如，与俄罗斯进行军备控制谈判）。美国和中国都比较明智地拥护在国际事务中使用“建设性伙伴关系”的概念。美国确实经常批评中国侵犯人权，但美国很小心地不去污辱中国的整个社会经济体系。但是，即使在这样敌对情绪不高的环境里，与中国的竞争也是难免的。一个扩大了的、恢复了活力的西方，将会在与中国的竞争中占有优势，因为西方可以向发展中国家证明西方的发展模式更适合满足政治上觉醒了的大众。

但是，如果焦虑的美国和过度自信的中国滑入越来越强烈的政治敌对之中，双方很有可能会开始进行互相破坏的意识形态战争。美国可能会争辩说，中国的成功损害了美国的经济福利。中国人将把美国的说法解读为，这是一种企图破坏，甚至是分裂中国制度的行为。与此同时，中国在世界面前会越来越把自己说成是在拒绝西方霸权，把西方描绘成贪婪的弱肉强食者，借以从意识形态上吸引第三世界国家，这些国家早就对西方（近来美国变成目标）充满敌意的历史描述深信不疑。所以，美国和中国应该用智慧去获得自己的利益，共同对意识形态进行自我抑制比较符合双方的利益。双方应该抵御攻击对方的快感，不应该把自己的社会经济制度的特征普遍化，不应该相互妖魔化对方。

为了亚洲的长期稳定，美国要扮演平衡者和调解者的角色。美国应该避免直接军事介入亚洲，尽量谋求在远东关键国家之间实现和解，最突出的两个国家是中国和日本。在新东方，指导美国政策的最根本性的原则必须是：只有当那些与美国有军事部署长期国际协定的国家受到敌对攻击时，美国才能在亚洲大陆用兵。

从本质上看，美国在亚洲扮演地区稳定平衡者的角色，应该复制英国在19世纪和20世纪初期间在欧洲事务上扮演的角色。美国能够并且应该帮助亚洲摆脱争夺地区统治者的竞争，方法是仲裁矛盾，弥补潜在竞争对手之间的实力差异。为此，美国应该尊重中国在历史和地缘政治上维护远东大陆稳定的特殊角色。与中国针对地区稳定问题进行严肃的对话，不仅有助于减少美国和中国之间的冲突，还可以减少中国和日本之间，或者中国和印度之间，甚至中国和俄罗斯之间在对待中亚国家和资源方面上的误判。所以，美国在亚洲的平衡作用最终对中国是有利的。

与此同时，美国必须认识到，一个不属于亚洲的大国不能把稳定强加给亚洲（朝鲜战争无果、越南战争失败、无缘无故发动的2003年伊拉克战争、久拖未决的阿富汗冲突），至少不能全由美国直接使用武力去强加。美国确实在努力地维护亚洲的稳定，但常常弄巧成拙，近年来重复陷入代价高昂的战争，美国正在重现欧洲在

20世纪的悲剧。如果美国积极与印度（或与其他亚洲大陆国家）塑造一个反华同盟，或者积极促进日本反华军事化，其结果会是危险的相互怨恨。亚洲21世纪的地缘政治平衡，应该是建立在地区的可持续发展的基础上，并在国家之间形成建设性的关系，不应该让不属于亚洲的强国介入建立一些分裂地区的军事同盟。

所以，当美国在东方扮演平衡者和调解者角色的时候，需要一个基本指导原则，那就是除了对日本和韩国的承诺之外，美国不应该被拖入在亚洲大陆强国爆发的战争。事实上，这类战争使参战国日益衰弱，美国重要的利益是不受这类战争威胁的。但至于日本和韩国，美国已经在二战后的50多年来一直与它们密不可分。如果日本和韩国开始怀疑与美国签署长期协定的耐久性，那么这两个国家的独立和自信将会受到削弱——美国在太平洋的地位也会同时削弱。此外，日本是个海上岛国，从这一点看，美国与它在远东主要盟友日本的关系有点儿像美国与英国的关系，特别是在第二次世界大战中以及冷战不确定岁月中美国与英国的关系。韩国目前处于和朝鲜对峙的状态，是美国与日本关系的延伸。如果美国不能可靠地履行协定保护这两个国家，美国在远东的长期利益将会受到损害。然而，美国可以发挥建设性作用，促使各方小心行事，从而避免为保护日本或者韩国而去打高代价的战争，为了实现这个目标，可以通过政治、外交、经济援助手段使地区各国实力达到平衡。美国这样做，既可以加强自己的政治影响力，又可以对亚洲稳定发挥更大的作用。

美国在东方的和解者角色尤其至关重要，尤其是在促进日本和中国之间的和解方面。美国可以通过美日关系去促进中国和日本的和解，这应该是进一步发展美日中合作三角形关系的联合努力的跳板。中国的地区实力增长后，各方都会有战略担忧，这个美日中合作三角形关系为消除人们对中国的担忧提供了一种建设性的基础。以欧洲为例，如果没有法国和德国的逐步和解，就没有德国和波兰的和解，也就没有非正式的德法波安全协调机制，那么最终就没有欧洲的稳定。所以，培养深刻的中日关系是源于慎重考虑的，特别是要在社会层次上和文化层次上。这同样是东亚更稳定的出发点。

在这个三角形关系中，中国与日本和解将加强和巩固更加全面的美国与中国的合作。中国人知道美国对日本的承诺是坚定的，知道美国和日本的联系是深刻和真实的，知道日本的安全直接依靠美国。日本人也知道，与中国人发生冲突对双方都是毁灭性的。所以，美国与中国对接，能从侧面对日本的安全和福祉有帮助。考虑到这种动态关系，中国不会把美国支持日本的安全看作威胁。同样，尽管美国和中国追求更紧密的、更加全球性的伙伴关系，几乎形成非正式的地缘政治的“G-2”关系，但日本也不会把这看作威胁。深入发展这个三角形关系，还能减少日本对人民币最终升格为世界第三大货币的担忧，这样将进一步巩固中国在现行国际秩序中的份额，从而减轻美国对中国未来角色的焦虑。

简言之，美国应该在亚洲发挥积极的作用，不仅要促进地区稳定，还要进一步创造条件使美中关系和平地、合作地演变，最终发展成为一种广泛的政治、经济全球伙伴关系。确实，美中关系也许会变成一场严峻的能力考验，因为世界上人口最多的国家和经济最有动力的欧亚大陆需要一起把中国的国内成功与亚洲的地区稳定结合在一起。

从历史上看，美国在受到挑战的时候，有能力应对紧急局面。但是，21世纪提出了与过去截然不同的挑战。世界上的各个角落都变得在政治上觉醒了，数以百万计的人为了创造更美好的未来不停地忙碌着。这个世界还经历着全球实力扩散的过程，东方正在迅速崛起几个野心勃勃的强者。所以，今天的世界不愿被一个强国支配，即使这个强国像美国那样在军事和经济上极具影响力。但是，既然美国还不是罗马帝国，中国也还不是拜占庭帝国，一个稳定的全球秩序就最终不仅依靠美国自我复兴的能力，还依靠美国明智地采取行动，在亟待复兴的西方扮演推动者和保证者的角色，在新崛起的东方扮演平衡者和调解者的角色。